Die Nacht der Tiere

Weihnachtslegenden von Rudolf Otto Wiemer
mit Bildern von Ruth Kerner

Lahn-Verlag, Limburg – Kevelaer

Vom Hund, der den Weg fand

In Betlehem, nicht weit vom Wirtshaus »Zum fünfzackigen Stern«, wohnte ein Kaufmann, der sich jede Nacht über seinen Hund Akko ärgern musste, denn Akko saß im Hof, er saß gekrümmt auf den Hinterpfoten, reckte den Hals schräg gegen den Himmel und kläffte.
Nun ist es von jeher das Amt der Wachhunde gewesen, Lärm zu schlagen, mit heller oder tiefer oder heiserer Stimme, je nachdem, wie sie aus ihren rauen, angestrengten Kehlen kommt, aber das Bellen muss einen Grund haben, vielleicht das Rascheln einer Maus im Kälberstroh oder den Schritt eines kaiserlichen Soldaten, der auf Torwache zieht, oder das Knirschen eines Pferdeschlittens im Schnee. Akko bellte jedoch ohne Grund, wie der Kaufmann meinte; Akko war überhaupt ein struppiger, nichtsnutziger Köter, den man aus Gutmütigkeit im Haus aufgenommen hatte und der nun undankbar, wie Landstreichervolk ist, vielleicht auch nur lärmselig, sich herausnahm, seinen Wohltäter Nacht für Nacht im Schlaf zu stören.
Der Kaufmann lag dann wach in seinem Bett. Er sah das bleiche Mondlicht im Fenster stehen und rechnete in diesem Licht wie auf Papier die Zahl der Stückgüter, der Säcke, Kisten und Ballen nach, die er im Bazar ge-

lagert hatte oder die er mit der nächsten Karawane aus Damaskus erwartete. Dabei kam es vor, dass die ins Mondlicht geschriebenen Ziffern den Kaufmann plötzlich angrinsten wie Teufelsgesichter. Mitunter glaubte er auch eine gelbe, knöcherne Hand zu erkennen, die das Konto im Geschäftsbuch durchstrich, die stolzen Gewinne ebenso wie die Verluste, besonders die Wucherzinsen. Am schlimmsten aber plagte ihn, solange er wach lag, das hechelnde Geschrei und Gezeter, das die betrogenen Kunden vor seinen Ohren vollführten, die Käufer, denen er die Ware gepfändet, die säumigen Zahler, die er in den Turm hatte werfen lassen. An alledem war Akkos Gebell schuld, was denn sonst?
Der Kaufmann wischte den Schweiß von der Stirn und starrte aus dem Fenster. Der Schnee glänzte. Die Zaunstecken hatten dicke, weiße Wollmützen auf; der Brunnentrog war von Eis überzogen. So kalt war es, dass selbst der Wasserstrahl gefror und als langer, blanker Zapfen an der Brunnenröhre hing. Dabei war diese Nacht so still, dass man das Ächzen der Bäume im Frostwind hätte hören müssen; doch der Kaufmann hörte nur Akkos Gebell. Er fluchte, er ließ die blecherne Schelle durchs Haus scheppern und schrie den Knecht herbei. »Schaff mir den Kläffer vom Hals!« schrie er.
»Mitten in der Nacht?« fragte der Knecht.
»Ja, noch diese Nacht«, beharrte der Kaufmann, denn er wusste nicht, welche Nacht es war und weshalb die Stille wie ein Mantel aus gesponnenem Glas über der Flur von Betlehem hing. Matthis, der Knecht, merkte, wie die zornigen Worte des Kaufmanns gemeint waren, und obschon Akko ihm Leid tat, steckte er ein scharfes

Messer in den Gürtel, schlug einen Pelz um und löste den Hund von der Kette.
»Wohin gehen wir?« fragte Akko.
»In den Wald«, sagte Matthis. Und weil der Hund ihn argwöhnisch musterte, fügte er hinzu: »Wir wollen etwas suchen im Wald.«
Akko sah nicht allzu gescheit aus, wie er da vor der Hütte im Schnee saß, mit schwarzer Stupsnase, die Schnauze halb geöffnet. Nicht weniger hässlich waren seine schief geschnittenen Ohren, der verstümmelte Schwanz und die stumpfen, halb unter Zotteln versteckten, eng sitzenden Augen, von denen das linke eiterte und triefte.
»Das muss etwas Wichtiges sein«, sagte Akko, »was der Herr im Wald verloren hat. Warum nimmt er nicht Geld und kauft sich's neu?«
»Dummer Hund«, brummte der Knecht. »Meinst du, man könnte alles mit Geld kaufen?«
Akko schwieg. Dann fragte er: »He, Matthis, der Wald ist groß. Wie wollen wir das Verlorene finden?«
Ärgerlich erwiderte der Knecht: »Hunde haben scharfe Nasen, auch wenn sie sonst zu nichts nütze sind.«
Akko nahm sich vor, den Knecht nicht zu enttäuschen. Sie gingen zuerst durch die Straßen von Betlehem, die still und menschenleer waren. Dann überquerten sie ein von Schnee geflecktes Ackerland und kamen in den Wald, der den Acker auf zwei Seiten mit dunklen Fichtenstämmen begrenzte. Dort blieb der Knecht stehen, zog das Messer aus dem Gürtel und zerrte Akko am Halsband näher.
»Was willst du tun?« fragte der Hund.

»Ich will dem Herrn die Ruhe wiedergeben, die er verloren hat«, antwortete Matthis. Sein Gesicht war jetzt grausam und verschlagen, die Augen blinkerten wie Eis. »Sieh mal dort«, sagte Matthis, indem er das Kinn gegen den Himmel reckte, »dort, der blitzhelle Stern!« Dabei wusste er genau, dass der Himmel schwarz von Wolken und sternenleer war wie ein nasser Sack. Matthis wollte nur, dass der Hund den Kopf hob, damit er ihm leichter die Kehle durchschneiden konnte; deshalb faselte er vom Stern.

Akko warf auch gleich die Schnauze hoch und fragte begierig: »He, wo?«

Da stieß der Knecht mit dem Messer zu. Er stieß mit aller Kraft, denn er wollte dem Tier einen schnellen Tod verschaffen. Aber hol's der Bock, die Schneide des Messers fuhr nicht tief genug in Akkos Hals; sie ritzte das Fell nur und das Blut sprang herab in winzigen, rasch gerinnenden Tropfen.

Der Hund riss sich los. Sein Geheul schrillte durch die Nacht. Von Angst gejagt, stob er in die Öde davon. Matthis stierte hinter dem Schreier her. Dann steckte er das Messer ein und trottete gleichmütig nach Hause. Niemand weiß, ob er etwas anderes gedacht hat als »Verdammt noch eins« oder »Hunde wollen auch leben«.

Akko dagegen hetzte durch den nackten, froststarren Wald. Er überquerte einen Sturzacker, dann flaches Weideland; er sprang über gefrorene Wassergräben, fegte durch Dornengestrüpp und brach klirrend in die gläsernen Wände der Blätter, bis er zuletzt mit hängenden Lefzen auf einem Weg, den er nicht kannte, vo-

ranschlich, die Nase tief über dem Schnee. Vor einem grauen Steinwall blieb Akko hechelnd stehen und blickte um sich. Er sah keinen Knecht mehr, auch nicht die Mordlust in seinen Augen. Dafür gewahrte er etwas anderes, das ihn zugleich tröstet und erschreckte.
Der Wolkensack war wie mit einem Messer aufgeschlitzt. Dort sah Akko ein Stück Himmel, es war blau, stählern blau, und mitten in der Bläue stand ein großer, gelb flackernder Stern.
Akko erinnerte sich an das Wort des Knechtes und dachte: Dies eine wenigstens war nicht gelogen. Der Stern ist da.
Er setzte sich auf die Hinterpfoten und ließ die Zunge aus dem Maul hängen. Wahrhaftig, der Stern stand dort wie eine Fackel, größer und heller als alle Fackeln des Kaufmannshauses. Auch trug er einen lodernden Schweif. Das Eis auf der Erde glitzerte. Akko betrachtete den Stern sehnsüchtig, zumal der Schweif ihn an die Pracht seines eigenen, längst verlorenen, buschigen Schwanzes erinnerte. Jetzt hatte er alles eingebüßt: die Hütte, das Stroh, selbst den Knecht, der sein Freund gewesen war, wenn auch ein mürrischer und nicht sehr zuverlässiger Freund. Niemand würde Akko wieder in Dienst nehmen; nicht mal Akkos Spürnase war zu irgend etwas nütze. Darüber wurde der Hund traurig, aber er schielte trotzdem zum Himmel, weil es dort etwas gab, das nicht gelogen war.
Immer weiter öffnete sich der schwarze Wolkensack. Kleinere Sterne traten hervor, doch sie verblassten neben dem einen, der sich langsam, wie ein feuriger Vogel, auf das Schneefeld herabsenkte. Akko zitterte. Sein Fell

sträubte sich vor Freude und Entsetzen. Am liebsten hätte er den Stern angekläfft, aber er wusste nicht, ob Matthis in der Nähe war.
Plötzlich fragte eine Stimme dicht neben ihm: »Wo liegt Betlehem?«
Akko antwortete nicht gleich; erst als der fremde Mann ihn mit dem Mantel berührte. Es war ein fester, aus Ziegenhaar gewebter Stoff; dem Hund kam es vor, als griffe jemand nach ihm.
»Weiß nicht«, antwortete Akko und jachterte hinter den Dornbusch.
»Warte doch, Akko«, rief der Mann im Ziegenhaar, »ich tue dir nichts.«
Der Hund blieb stehen. Woher kannte der Fremde seinen Namen?
»Du bist doch in Betlehem zu Haus«, fuhr der Mann fort. Dabei zog er die Hand aus der Manteltasche, als wolle er dem Hund zeigen, dass kein Messer drin versteckt war.
»Das wohl«, erwiderte Akko; ihn fror bei dem Gedanken an Betlehem.
»So hilf uns auf den Weg«, sagte der Fremde, der einen glattrindigen Haselstock und eine Laterne trug, »wir haben die Richtung verloren und wollten noch vor Dunkelheit in der Herberge sein.«
Wir? dachte Akko; er schielte zur Seite und sah eine junge Frau auf dem Stein sitzen. Sie war in Mantel und Tuch gehüllt.
»Das ist meine Frau«, sagte der Mann mit dem Haselstock. »Wir beide wollen nach Betlehem, um uns zählen zu lassen.«

 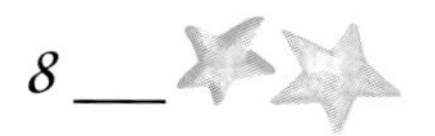

Akko nickte. Von der Zählung hatte er gehört; sie war von einem Kaiser namens Augustus angeordnet; doch betraf sie die Hunde kaum, im Gegenteil, man hatte nur Schererei mit den Fremden, die zu ungelegener Zeit an das Hoftor pochten und heimlich den Ort ausforschten, wo sie stehlen könnten.
»Wir brauchen ein Dach über dem Kopf«, sagte der Mann.
Akko, der an seine Hütte dachte, als besäße er sie noch, blickte nicht ohne Hochmut auf den Fremden, weil der einen so geringen Wunsch vorzubringen für nötig fand. Im gleichen Augenblick fiel aber dem Hund alles wieder ein, was in dieser Nacht Grausames geschehen war; er starrte die heimatlosen Wanderer feindselig an. »Selbst wenn ich den Weg fände«, knurrte er, »würde ich nicht dorthin zurückkehren.«
Die Frau hatte sich bei Akkos Worten vom Stein erhoben. »Kommt«, rief sie, »wir gehen.« So einfach und gar nicht befehlshaberisch klang das, als wüsste das junge Weib genau, dass Akko, der mit gekrümmtem Rücken und hochgehobener Pfote zitternd im Schnee stand, sie den richtigen Weg führen würde.
Allein die Frau hatte nicht mit Akkos Starrköpfigkeit gerechnet. Sie ahnte wohl auch nicht, dass es einen Kaufmann in Betlehem gab, der, um seine Ruhe wiederzufinden, unschuldige Kläffer nachts töten ließ.
»Nein«, sagte Akko, »ich gehe nicht nach Betlehem.«
Die Frau lächelte. »Armer Hund«, sagte sie, »wir haben dich schreien hören.« Dann beugte sie sich vor und zeigte in den Schnee. Der Mann bückte sich.
»Ein Blutstropfen«, sagte er enttäuscht. Er hatte etwas

Prächtiges oder Seltenes erwartet. Blut konnte man jeden Tag sehen, wenn man in der Welt wohnte.
»Dein Blut, Akko«, sagte die Frau. Wahrhaftig, im Schnee sieht so ein Blutstropfen gar nicht übel aus!
»Da ist noch einer«, sagte die Frau. »Und dort! Und dort!« Sie klatschte in die Hände wie ein Schulmädchen. Dabei lachte sie Akko zu, der ein kurzes Blaffen hervorstieß und mit dem Schwanzstummel wedelte.
»Wenn ich bloß wüsste«, brummte der Mann, der die Zeichen im Schnee argwöhnisch betrachtete, »wohin die Blutstropfen führen!«
»In den Betlehemer Wald«, sagte Akko, beinahe gekränkt, »daran braucht niemand zu zweifeln.« Der Mann nickte und nahm den Arm der Frau. Beide gingen behutsam, während der Hund nebenher trottete, auf dem krustigen Schneefeld voran. Sie gingen den Blutstropfen nach und erreichten, wenn auch beschwerlich – denn Akko war in seiner Angst vor dem Messer querfeldein durch Hohlwege und Schluchten und dorniges Gestrüpp gerannt –, endlich den Ort Betlehem, wo der Stall auf sie wartete.
Später soll Akko von seinem rechtmäßigen Herrn, dem Kaufmann, als dieser erfuhr, was geschehen war und dass es ohne Akko womöglich nicht hätte geschehen können, in die Hütte zurückgeholt worden sein. Das ist seltsam; aber noch wunderlicher erscheint es, dass der Kaufmann den Hund in der Nacht fortan bellen ließ, ohne ihm zu zürnen; nicht genug, der Kaufmann soll gesagt haben, er könne ohne Akkos großartiges Gekläff überhaupt nicht mehr einschlafen, und das muss wahr sein, wie alles, was in dieser Geschichte erzählt wird.

Von der Maus, die das Tor öffnete

Mäuse sind sehr geringe und unscheinbare, vielleicht sogar schädliche Geschöpfe, die jedermann verachtet, und der Wirt »Zum fünfzackigen Stern«, der, wie man weiß, in der Kometengasse zu Betlehem wohnt – ein Gasthaus dritten Ranges übrigens, nur wenig besser als sein Leumund –, dieser Wirt also, Grobbeck mit Namen, hätte es sich niemals träumen lassen, dass er vor einer grauen Stallmaus die Zipfelmütze herabziehen und sich von ihr belehren lassen würde, nein, das wäre ihm lächerlich oder beleidigend vorgekommen, denn schließlich war Grobbeck ein Mensch wie jeder andere und obendrein als erfahrener Wirt gewohnt, die Gäste nach Namen, Amt und Würde gebührend einzuschätzen. Er wusste demnach genau, wie nichtig eine Maus ist – aber in jener Nacht, als die Geschichte, die hier erzählt werden soll, geschah, war eben alles anders, und der Wirt, sofern man ihn nach den Ereignissen fragte, schüttelte nur unwillig den Kopf und knurrte: »Niemand hätte das gedacht, nicht mal der Kaiser in Rom –«, und dann berichtete er mit seiner rostigen Bierstimme ein paar Sachen, die inzwischen durch gewisse Apostel in aller Welt rühmlich bekannt geworden sind. Die Geschichte von der Maus jedoch erwähnte er fast nie, vielleicht weil er sich dabei schämte oder weil sie ihm allzu nebensächlich vorkam; aber wer

will behaupten, dass in jener Nacht irgend etwas, selbst das Geringste, der Rede unwert gewesen sei?
Wir müssen also von der Maus sprechen. Sie war winzig klein, flink, staubgrau; sie hatte ein spitzes, feuchtes Schnäuzchen, das sie vorwitzig, wie alle Mäuse sind, gern zwischen Hafergetreide oder süßen Mohnsamen steckte, am liebsten in Speck oder Gänseschmalz oder Käse, doch gab es dergleichen bei Grobbeck nicht oft, weil er, wie gesagt, dritten Ranges war und meist Fuhrleute, Hausierer, Kesselflicker oder Leierkastenmänner beherbergte, ganz selten mal einen Kaufmann, einen Versicherungsagenten oder einen Fabrikdirektor; die gingen lieber in das Hotel »Zum Weihrauch« oder gar in das neu errichtete dreistöckige Hospiz »Zum Herrn der Welt«, sofern sie nicht vorzogen, das enge, kleinstädtische, nicht sehr saubere Betlehem links an ihrer Geschäftsstraße liegen zu lassen.
Die Maus jedoch war in Betlehem geboren, vor zwei Monaten erst, sie war also eine junge, noch ungewitzte Maus, Sissi mit Namen, und es mag deshalb ihrer Unerfahrenheit zuzuschreiben sein, dass sie gegen den Rat der älteren Stallmäuse, rein aus Neugier, über den Hof lief, in die schwarzgähnende Türöffnung huschte, den dämmerigen Flur entlangschlich und schließlich – wie hätte es anders sein können – in der Vorratskammer Grobbecks landete, zwischen Mehlkästen, trockenem Brot und ranzigem Öl, aber das waren für Sissi unvergleichbar herrliche Schätze und eines, wenn auch gefährlichen Abenteuers wert.
Sicherlich hätte Sissi, wenn es mit rechten Dingen zugegangen wäre, die folgende Nacht nicht überlebt, aber

es ging eben nicht mit rechten Dingen zu, wenigstens behauptet Grobbeck das hartnäckig, und er muss es ja wissen, weil er dabei war. Grobbeck versichert sogar, die Maus Sissi habe, als sie ihre abenteuerliche Reise antrat, bereits gewusst, dass dies eine abenteuerliche Nacht war. »Tiere erfahren so etwas eher als Menschen«, sagte Grobbeck und wischte über die Stoppeln am Kinn, wie er oft tat, wenn er etwas Unbeweisliches vorbrachte. Jedenfalls – und damit soll die Geschichte endlich beginnen – saß die Maus Sissi, nachdem sie nur zwei- oder dreimal mit spitzer, rosiger Zunge an einem Stäublein Mehl geleckt hatte, gefangen in der Falle: es gab einen harten, metallenen Schlag, die Mehlwolke stäubte, und nachdem diese Wolke, zarter als Schnee, sich niedergeschlagen hatte, war um die Gefangene auf allen Seiten, rechts, links, vorn, hinten, ein engmaschiges Gitter emporgewachsen, von dessen Existenz Sissi in ihrer blinden, kindischen Begier nicht das Mindeste gemerkt hatte.
Kurz darauf trat Grobbeck in die Kammer. »Haben wir dich endlich«, sagte er, packte die Falle samt der Maus und wollte sie, wie er das sonst tat, kurzerhand in den Wassereimer versenken. Doch da er ein Mensch war, der zu grausamen Spielen neigte, rief er den Kater herbei, zeigte ihm das zierliche, von Mehl bestäubte Opfer und öffnete langsam, indem er die knarrende Feder spannte, die Tür des Gefängnisses. Der Kater saß mit eingezogenen Pfoten, behaglich schnurrend, vor der offenen Falle. Er blinzelte aus messerschmalen, grün funkelnden Pupillen, er leckte die feucht schimmernden Nasenflügel, seine Barthaare zitterten.

»Pack zu und friss«, knurrte Grobbeck, dem das Schauspiel zu lange dauerte, »friss doch, Alexander!« Der Kater trug den großartigen Namen nicht umsonst; er war ein stolzes, schwarzhaariges Tier, dessen Wildheit und Kraft dem makedonischen Welteroberer Ehre machte. Jetzt freilich schien ein anderer, völlig verkehrter Geist diesen katzenköpfigen Alexander vor der offenen Falle gefangen zu halten: Grobbeck sah mit Staunen, wie die Maus, ohne sich zu fürchten, die Gitterzelle verließ, wie sie ihr Näschen in die Luft reckte und schnupperte, dann näher herantrippelte, stehen blieb, das rosenfarbene Schwänzchen ringelte und zuletzt, auf die Hinterbeine gereckt, mit den vorderen, sanft gebogenen Pfötchen, einmal rechts, einmal links an Alexanders Barthaaren zu spielen begann.
Es ist wahr, der Wirt wäre beinahe lang hingeschlagen vor Schreck und Verwunderung. Noch in seinen späteren Jahren beteuerte er, fast nichts habe ihn, den derbknochigen und gleichmütigen Menschen, irgendwann zum Zittern gebracht; aber damals, als er die Maus mit den Barthaaren Alexanders spielen sah, ohne dass dieser eine Kralle rührte oder einen einzigen seiner nadelspitzen Zähne blinken ließ, wenigstens zur Drohung – damals hätten ihm, Grobbeck, die Hosen geschlottert, und er habe gemeint, die Welt sei plötzlich schauderhaft verkehrt worden, das Oberste zuunterst, das Unterste zuoberst. Damit aber, so behauptet Grobbeck, sei die Geschichte keineswegs zu Ende gewesen. Nachdem die Maus Sissi den Kater Alexander lange genug hofiert und womöglich gekitzelt habe, denn Alexander sei mehrfach kichernd und keckernd aus dem Schnurren

geraten und habe sich zuletzt, wohlig miauend, auf den mit Mehl bestäubten Steinen gewälzt, während Sissi ihm über Kopf und Hals und Flanken kletterte – »ein ganz unmögliches Bild«, nannte es Grobbeck erbost –, nachdem also diese unmöglichen Dinge geschehen waren, habe Sissi dem verstockten Grobbeck mit zierlichem Winken ein leises, aber doch gut hörbares »Komm!« zugewispert und sei, ohne die dort gestapelten Schätze eines Blickes zu würdigen, flink aus der Vorratskammer gehuscht, habe, stets von Grobbeck gefolgt, den Flur durchtrippelt, die Stufe übersprungen, ebenso die Schwelle und sei schließlich in den Hof gelangt, wo der Laufjunge – der mit dem stacheligen Haar und den abstehenden Ohren – gerade den Stecken hob, um den Hund zu verprügeln.
»Heute wird nicht geprügelt«, wisperte Sissi dem Laufjungen zu, und diese merkwürdige Mäusebotschaft muss so unwiderstehlich geklungen haben, dass selbst der stachelhaarige, halbwüchsige Rüpel, der sonst keinem Mahner eine Antwort schuldig blieb, mit offenem Mund, doch ohne Trotz, den Knotenstock senkte.
Nicht anders erging es der dicken, schlampigen Magd, die eine Gans zwischen den Knien festhielt und ihr die Federn rupfte. »Heute wird nicht gerupft«, sagte die Maus Sissi. Dabei hob sie sich auf die Hinterpfötchen, damit die Magd, die obendrein sehr dumm war, das Wort richtig verstünde. Die Magd nickte, breitete die Knie aus und ließ die Gans fahren. »Danke schön!« rief die Gans, ehe sie im Koben verschwand.
Und der Knecht, der so dürr war wie ein Pfahl, dazu alt und schwerhörig, was schleppte er den Hahn hinüber

zum Hackeblock? Trug er nicht ein Beil in der Hand, dessen Schneide mörderisch im Mondlicht blitzte?
»Heute wird nicht geschlachtet«, sagte Sissi, die Maus. Sie kletterte auf des Knechtes Schulter und drohte ihm sanft mit dem rosigen Pfötchen. Der Knecht, dem man sonst einen Befehl laut ins Ohr schreien musste, ehe er ihn begriff, nickte sogleich, ließ den Hahn frei und schlug die Schneide des Beiles mit hellem Schlag in den Hackeblock. Der Hahn hörte den Schlag, und weil die Freude darüber, dass es nicht sein Hals war, den die Schneide traf, ihn trunken machte, flatterte er auf den Dachfirst, krähte und rief überlaut: »Der Morgen aller Morgen ist da! Der Morgen aller Morgen ist da!« Als ob die Nacht, die dunkelste Nacht über Betlehem, schon vorüber wäre.
In diesem Augenblick, so berichtet Grobbeck weiter, klopfte es ans Hoftor. »Schieb den Riegel zurück«, sagte die Maus. Grobbeck gehorchte, denn auch er, der doch ein erfahrener Mann und außerdem Herr war über den stachelhaarigen Laufjungen, über die schlampige Magd und über den schwerhörigen Knecht, er wusste, dass keiner gegen Sissis Gebot etwas auszurichten vermochte. Er öffnete also das Tor und sah zwei arme Leute draußen im Schnee, einen Mann und eine Frau, dazu einen struppigen Köter, der ihm bekannt vorkam und der sich eng an den Mantel der Frau drückte. Alle drei waren sie müde und, wie man auf den ersten Blick sehen konnte, von ärmlicher Herkunft. Sie trugen nichts als einen Stock und eine Laterne bei sich, und selbst in dieser Laterne schien nur noch ein winziger Tropfen Öl übrig zu sein; das Licht flackerte trübe, und als Grobbeck die

fremden Leute barsch anfuhr: »Ich habe keinen Platz mehr im ‚Fünfzackigen Stern'«, löschte der Funken in der Laterne aus.
»Heute wird niemand abgewiesen«, sagte Sissi, die Maus. Grobbeck rieb die Stoppeln am Kinn. Er blickte zornig und ratlos zugleich auf das winzige, staubgraue Geschöpf, das aufrecht im Schnee saß und die Pfötchen vor der Brust kreuzte, als erweise es dem fremden Paar eine Ehrenbezeigung.
»Keine Kammer mehr frei«, beteuerte der Wirt und wollte das Tor zuschlagen.
»Im Stall ist noch Platz«, sagte die Maus. Ihr Stimmchen war fein, aber unerbittlich.
Grobbeck erschrak, als drohe ihm jemand, und er sah in seiner Betroffenheit wieder das Beil blitzen, sah auch den Stecken erhoben in der Luft und sah die weißen, ausgerupften Federn.
»Gut«, brummte er, indem er vor den späten Gästen – es kann aber auch vor Sissi gewesen sein – die Zipfelmütze vom Kopf zog, »wenn es die Maus so haben will«, er öffnete das Tor weit und ließ die Wanderer hinein.
»Auf diese Art kamen Maria und Josef unter mein Dach«, pflegte Grobbeck in späteren Jahren zu sagen, »und es ereignete sich vieles in jener Nacht, worüber ein Mensch wie ich den Kopf schütteln muss. Aber was mich am meisten wundert: dass dies alles gewissermaßen durch eine Maus geschah, wo doch die Mäuse die nichtsnutzigsten Geschöpfe sind, die ich kenne. Nein, niemand hätte das gedacht, nicht mal der Kaiser in Rom.«

Vom hochmütigen Ochsen

Maria und Josef fanden, wenn auch spät, eine Herberge in Betlehem; darüber waren sie froh, aber so leicht, wie man gemeinhin annimmt, ging es doch nicht mit dem Unterkommen. Der Stall gehörte ja den Tieren, und wenn das Pferd, ein steingrauer, bejahrter Apfelschimmel, auch sogleich ein gutes Wort für die Wanderer einlegte, ebenso die gehörnte, gelbbärtige Ziege, die im Dunkeln angepflockt stand, so waren es hauptsächlich der Esel und der Ochse, die hörbar zu murren begannen. Der Esel deshalb, weil man ihn im Schlaf gestört hatte. Er träumte von einem saftiggrünen Distelfeld und er hatte, als das Rumoren im Stall begann, gerade das Maul aufgesperrt, um eines der traumhaft leckeren und für eine Eselszunge wundervoll stachligen Distelblätter zu kosten. Nein, dass er gerade jetzt erwachte! Außerdem behauptete der Esel, dass er schreckhaften Gemütes sei und, einmal aus der Ruhe gebracht, schlecht wieder einschlafe. Er wusste ja nicht, der langohrige Murrer und Knurrer, dass er in dieser Nacht überhaupt keinen Schlaf finden sollte, weil das, was geschah, viel herrlicher und süßer und wirklicher war als alle geträumten Distelfelder der Welt.
Noch schlimmer wurde es mit dem Ochsen, denn der sollte, als es gegen Mitternacht ging, die Krippe her-

geben. Nun war dieser Ochse Uraman ein hochmütiges Tier, und jeder, der seinen gewaltigen Nacken, die zottige, kraftvolle Brust, die geschweiften Hörner, die stampfenden Schenkel, das glimmende Auge und die breite, weißgefleckte Stirn nur ein einziges Mal betrachtet hatte, wusste, dass Uraman mit Recht stolz war auf sich selber. Wie also durfte man ausgerechnet ihm zumuten, dass er die Krippe hergab, wo doch im Stall genug Holzwannen, Körbe, Mulden und Schüsseln zu finden waren? Und weshalb nicht die Pferdekrippe, wenn es schon nichts anderes als eine Krippe sein musste?
Uraman rasselte erbost an der Kette. Er hob seinen zottigen Kopf, öffnete das runde, feuchtlippige Maul, von welchem ein Schleimfaden bis auf die Steine herabtroff, und brüllte.
Josef winkte grantig, denn der Ochse hatte, wie man sich denken kann, eine gewaltige Stimme. Auf nichts anderes, nicht mal auf seine Nackenkraft, war er stolzer als auf diese zuerst dumpfe, dann wie Donner drohende und rollende, balkenerschütternde Stimme, die über Betlehem hallte gleich einer Tuba des Jüngsten Gerichts. Erst kürzlich hatte ein weit gereistes Kamel behauptet, Uramans Stimme gliche der eines Löwen, und obwohl der Ochse keins dieser königlichen Tiere gesehen oder gar gehört hatte, erfüllte ihn das Urteil des Kamels mit Stolz und Genugtuung. Es gab aber noch einen besonderen Grund, weshalb Uraman die Krippe nicht hergeben wollte. Der Ochse hatte nämlich die Gewohnheit, weil ihn nachts mitunter der Hunger plagte, eine Handvoll Häckselspreu in der Krippe zu verwahren. Sobald er

wach wurde, stand er auf, beugte sich über die Spreu und fraß. Nie hatte jemand ihn gehindert, das zu tun. Er war der Herr im Stall; alle gehorchten seiner Kraft und seiner furchterregenden Stimme. Deshalb war Uraman hochmütig geworden – durfte man es anders erwarten? Er ließ also die Fremden spüren, dass sie hergelaufenes Bettelvolk wären, und wenn sie es schon nicht besser einzurichten gekonnt, so sagte er, ihr Kind in einem Stall und in schämenswerter Dürftigkeit zur Welt zu bringen, so möchten sie es gefälligst auf die Steine legen; dahin gehöre es, denn ein hartes Bett sei der Armut angemessen. Josef, den die Rede des Ochsen verdross, wollte ihm endlich eine Strafpredigt halten, verdient hatte er sie schon längst, doch Maria zog den Gefährten am Ärmel und sagte: »Lass ihn, den stolzen Uraman. Er mag sich eine Weile besinnen.«
Josef antwortete ärgerlich: »Die Krippe muss er trotzdem hergeben.«
»Mir wäre es lieber«, sagte Maria, »er brächte sie uns aus freiem Willen.«
Josef, von Natur aufbrausend, aber schnell besänftigt, nickte; er musste daran denken, dass Maria öfter Recht behielt als er und dass diese Nacht keine gewöhnliche Nacht zu nennen war. Uraman fing an zu kauen, denn Hoffart und Zorn machen hungrig; auch merkte er schon, dass bei allem, was sich vorbereitete, niemand ein Auge würde zutun können.
Grollend warf der Ochse die Häckselspreu in seinem breiten Maul hin und her; aber je länger er malmte und mit der Zunge rumpelte und rieb, um so härter wurde das Futter zwischen den Zähnen. Der feuchte Bissen

schien sich außerdem zu blähen, er bekam scharfe Kanten und Ecken, die Zunge stieß sich wund daran.
Uraman, der so etwas noch nie erlebt hatte, ließ ein dumpfes, drohendes, fast schon ängstliches Gebrumm hören. Was war das für Spreu, die, statt weich und fügsam zu sein, hart und immer härter wurde, sodass man sich außerstande sah, das Zeug zu schlucken, geschweige denn es wiederzukäuen oder es zu verdauen? Er öffnete das Maul, sonst wäre er an dem noch immer wachsenden Brocken erstickt. Und als er die Lippen auftat, polterte ein Stein heraus, ein hellgrauer, vom Speichel feuchter, handgroßer, harter Kieselstein. Er fiel in die Krippe, Uraman betrachtete ihn schaudernd.
»Wer hat mir Steine zu fressen gegeben?« brüllte er, das heißt, er wollte es brüllen, aber seine Stimme, die vormals alle Tiere im Stall und obendrein die Balken hatte erzittern machen, war jetzt so dünn und heiser und erbärmlich, dass nicht nur das Pferd und der Esel in Gelächter ausbrachen, nein, auch die Ziege meckerte hämisch, der Hund bellte, die Katze miaute, das Schaf blökte »Höhö«, und sogar die Ratte stieß einen wild kichernden Pfiff aus, denn sie vergaß dem Ochsen nie, dass er sie einmal auf den Schwanz getreten hatte.
Da stand nun der mächtige Uraman, die Stirn gereckt, das Maul weit offen, die Augen voll roter Zornglut. Ach, und wie jämmerlich war das Gewinsel, das aus seiner Kehle drang, wie ohnmächtig sträubte er das Fell, wie witzlos und dumm ließ er den Geifer von den wulstigen Lippen rinnen!
Während dies alles geschah, bei Uramans kläglichem Gebrüll und dem Gelächter der Tiere, musste das Knäb-

lein geboren sein. Uraman gewahrte es erstaunt, als er den Blick senkte: ein winziges, hilfloses Kind, nackt auf den Steinen. Da schämte sich der Ochse. So sehr schämte er sich, dass, falls er ein Mensch gewesen, er bis unter die Hörner rot geworden wäre. »Nimm die Krippe«, sagte er zu Josef, doch es klang so heiser und rau, dass der Kindesvater ihn nicht verstand.
Maria aber hörte das Wort des Ochsen. Sie wendete ihm die Augen zu und blinzelte vergnügt. Uraman senkte den zottigen Schädel noch tiefer und schob mit der Stirn und den Hörnern die Krippe zu Maria hinüber, langsam, ganz langsam, denn der Ochse besaß viel zuviel Kraft für eine leere Krippe, und er musste vorsichtig zu Werke gehen, damit er sie nicht umwarf.
»Danke, Uraman«, sagte Maria, nahm das Kind von den Steinen, wickelte es in eine Windel und legte es auf das Holz der Krippe, nein, nicht auf das Holz, denn der Ochse hatte vorher schnell ein Bündel Heu aus der Raufe gezerrt, damit das Neugeborene nicht gar so hart zu liegen käme. Die Tiere traten nun alle heran und betrachteten das Wunder recht aus der Nähe, Pferd und Esel, Ziege und Schaf, Hund und Katze, Ente und Hahn, der Igel und die Fledermaus, ja sogar die Ratte, die sich sonst nur um ihre eigenen Sachen kümmert. Ob sie am Ende allesamt, dem Kindlein zur Ehre, einen Choral gesungen haben, weiß man nicht genau; es wäre ja auch ein ungereimt närrisches, misstöniges Konzert gewesen. Dies aber ist gewiss: der Ochse Uraman fand unversehens die Stimme wieder, kaum dass er sein Maul öffnete, das Kindlein zu loben, und die Gewalt dieser Stimme, so heißt es, war mächtiger als zuvor.

Von der klugen Eule, die beinahe verschlief

Weil die Eule Kiju ein sehr kluger Vogel war, wusste sie früher als die anderen Tiere, was in dieser Nacht geschehen würde. Sie flog deshalb gegen ihre Gewohnheit schon am Tag in der Flur von Betlehem herum und rief allen, die es hören wollten, aber auch den Unaufmerksamen und Verstockten, die Nachricht zu.
»Was ist?« fragten die Tiere.
»Ein Licht wird kommen«, rief Kiju, »ein Licht, das uns alle blendet!« Denn sie konnte sich, da sie eine Eule war, das Überwältigende nur als Blendung vorstellen.
»Wie sieht es aus?« fragten die Tiere weiter.
»Geflügelt wird es sein, zweifach geflügelt!« erwiderte Kiju. Wie hätte sie ein anderes Bild haben können, da sie doch selber wundervoll weiche, hellbraun und dunkelbraun gefärbte Federn an den Fittichen und an ihrem drolligrunden, plustrigen Körper trug?
»Bringt es uns etwas mit?« fragten die Tiere zuletzt.
»O ja!« rief Kiju. Sie zweifelte keinen Augenblick, was sie antworten sollte, denn sie war der klügste und gelehrigste Vogel im Lande Juda.
»Ein Buch werden wir haben, ein Buch so groß wie die Welt! Darin ist alles aufgeschrieben, was man wissen muss! Aber nur wer klug ist, kann es lesen!« Dies war die Nachricht der Eule.

In der Ecke des Stalles saß ein Mann und schnitzte an seinem Stecken.
Vielleicht hatte er nichts Besseres zu tun; er merkte wohl nicht, dass sein Mantel von Dornen zerrissen war und dass jetzt Zeit gewesen wäre, die Löcher zu flicken. Auch die Frau – sie sah wie eine junge, rundbäckige Magd aus, nur die Blässe machte sie vornehm –, die Frau hockte ebenfalls stumm unter dem Licht. Sie hatte die Hände über dem groben Tuch gefaltet, ihre Augenlider waren geschlossen, und sie hätte doch lieber ihren schmutzigen Schuh mit einem Strohwisch säubern sollen, falls sie etwas auf sich hielt. Aber so ist das hergelaufene Volk. Es sieht nichts, als was gerade vor Augen ist, den geschnitzten Haselstock, die gefalteten Hände über dem groben Tuch. Doch den wahren Zusammenhang erkennt es nicht; dazu musste man klug sein und einen scharfen Verstand haben.
Je weiter die Nacht voranschritt, umso ungeduldiger äugte Kiju hinab in den Stall. Nichts von dem, was sie erwartete, war dort zu entdecken. Kein Licht, das sie geblendet hätte, o nein. Die Flamme schien den letzten Tropfen Öl in den Docht zu saugen; sie war dem Verlöschen nahe. Zweifach geflügelt war da auch nichts; denn der Hahn, dieser Trompeter und Windbläser, konnte doch nicht gemeint sein; ebenso wenig eine der im Schlaf schnatternden Gänse oder gar das freche Spatzenvolk, das vor niemandem Respekt zeigte und jeden Abend woanders unterkroch.
»Mann«, fragte Kiju endlich, indem sie sich auf dem Balken vorneigte, »hast du wenigstens ein Buch mitgebracht, ein Buch so groß wie die Welt?«

Der Fremde unterbrach die Arbeit nicht. Es waren merkwürdige Zeichen, die er in die Rinde des Steckens schnitt. Auch hatte er ein Querholz oben am Stab befestigt, sodass es fast wie ein Kreuz aussah. Aber er musste Kijus Worte trotzdem gehört haben; er strich den Bart über den Lippen zur Seite und erwiderte: »Nein, ich habe kein Buch so groß wie die Welt. Nicht mal ein kleines Buch, das in meiner Hand Platz fände, besitze ich. Aber selbst wenn ich es besäße, so würde es dir und mir wenig helfen, denn ich bin ein Zimmermann und kann nicht den kleinsten Buchstaben lesen.«
»Das habe ich mir gedacht«, sagte Kiju. Sie hob den Kopf und rückte auf die andere Seite des Balkens.
Kiju betrachtete nun die Frau, die mit geschlossenen Lidern auf dem Holzklotz saß. Doch das Mitleid, das sie anfangs verspürt hatte, weil die fremde Magd so blass und sanft und fast vornehm aussah, schwand mehr und mehr. Sie wird nie erfahren, was Klugheit ist, dachte Kiju, kluge Leute halten ihre Augen offen.
Wirklich, die junge Frau schien zu schlafen. Während Kiju auf die blassen, mit zarten Äderchen durchzogenen Lider der Frau herabstarrte, spürte die Eule in ihren eigenen Augen die Müdigkeit brennen. Sie waren zwar weit offen, diese runden, nacktglänzenden, gelben Eulenaugen, aber zweimal hatte Kiju nur mit Mühe verhindert, dass die Lidspalte, die schmaler und schmaler wurde, sich heimtückisch schloss.
Die Frau atmete sehr ruhig; eine Flaumfeder vor ihren Nasenflügeln hätte sich kaum bewegt. Ihre Stirn war rein und klar, sodass man sich kaum vorstellen konnte,

sie hätte mitunter nicht auch kluge Gedanken beherbergt, und sei es nur der Wunsch gewesen, einen einzigen Blick in das Buch zu tun, das so groß ist wie die Welt.
Noch während Kiju dies dachte, schlief sie ein. Sie träumte, sie flöge über eine weite, hellglänzende Ebene, auf der die Bäume – oder waren es Gräser und Blumen? – in kerzengeraden Reihen wuchsen, Reihe neben Reihe, bis zum Horizont. Kiju flog und flog. Plötzlich merkte sie, dass die Ebene unter ihr weder Ackerland noch Wüste war, auch kein Schneefeld, nein, die Ebene war ein großes Buch aus Pergament, und das, was sie für Bäume oder Gräser oder Blumen gehalten hatte, waren Buchstaben, die sich zu Worten und Zeilen fügten.
Kiju dachte erfreut: Solch ein großes Buch habe ich noch niemals gesehen! Wenn sie die Schrift auch nicht lesen konnte, so genügte es ihr schon, darüber hinwegzufliegen. Aber das Buch war nach der Sitte der damaligen Zeit nicht aus zahlreichen Blättern gebunden, es bestand vielmehr aus einem einzigen zusammengerollten Blatt, und je länger Kiju flog, umso weiter rollte das Blatt auseinander. Es bedeckte Äcker und Wiesen, es schwang schräg zu den Berggipfeln empor und senkte sich wieder in die Täler; selbst am äußersten Horizont war das Buch nicht zu Ende. Immer, wenn die Eule meinte, sie wäre am Ziel, wurde ein neues Stück Pergament aufgerollt. Der armen Kiju sank zuletzt der Mut. Die Buchstaben tanzten vor ihren Augen, die Flügel wurden schwer. Kiju taumelte. Sie fürchtete, über dem großen Buch abzustürzen. Nirgends war ein Baum oder ein Strauch zu entdecken, auf dem sie hätte ausruhen können.

»Hilf«, sagte Kiju keuchend, aber sie wusste nicht, wen sie rief. Es gab keinen einzigen Menschen auf der öden, mit Buchstaben bedeckten Fläche. »Hilf«, seufzte sie kläglich, »hilf mir doch!« Da gewahrte sie plötzlich einen Stecken in der Luft, einen braunen Stecken, in dessen Rinde wunderliche Zeichen geschnitzt waren. Sie flog mit der letzten Kraft darauf zu und ließ sich oben auf dem linken Querholz nieder. Das rechte Querholz war nämlich schon besetzt; da hockte ein geflügeltes Wesen von merkwürdiger Art, wie die Eule es nie in ihrem Leben gesehen hatte: der Kopf fast wie ein Mensch, und sonst nichts als Fittiche, schöne, blendend weiß gefiederte Fittiche, mit denen der seltsame Vogel unaufhörlich schlug, dass es einen großen Wind gab. »Sieh mal dort«, sagte der Vogel.

Kiju wendete sich um und blickte in den Stall, am Bart des Mannes vorbei, der den Stecken in der Hand hielt. Da sah sie die junge Frau vor der Krippe sitzen, die Hände über dem groben Tuch gefaltet. Und aus der Krippe strahlte ein überweißes Licht, das selbst die finstersten Ecken des Stalles hell machte.

»Warum blendet das Licht mich nicht?« fragte Kiju, ebenso beglückt wie erschrocken.

Der Vogel antwortete: »Weil ich dir die Augen geöffnet habe.«

»Wer bist du?« fragte Kiju.

»Ich bin ein Engel«, antwortete der seltsame Vogel. »Und nun bedanke dich auch, weil ich dich geweckt habe. Du hättest sonst die Hauptsache verschlafen.«

»Danke«, sagte die Eule so leise, dass ein anderer als der Engel das Wort kaum gehört hätte. Aber er hörte es.

Von Schiefnase und vom jähzornigen Hirten

Auch Jähzorn kann zur Krippe hinführen, allerdings auf Umwegen; das bezeugt die folgende Geschichte, die von einem Schaf handelt, das Schiefnase hieß, weil es vom Tag der Geburt an eine schiefe Nase hatte. Bei den Schafen ist das nichts Ehrenrühriges, vielmehr eine Art Erkennungszeichen, deren jedes von den scharfäugigen und gewitzten Hirten mit Freude zur Kenntnis genommen wird. Da gibt es zum Beispiel den Schafbock Linkhorn, der ohne Zweifel so heißt, weil er nur ein linkes Horn hat, oder das Lamm Milchschnute, oder den zweijährigen Widder Brüll, der seiner mächtigen Stimme wegen so genannt wird, oder Adamsmutter, das älteste Zuchtschaf der Herde. Diese Geschichte erzählt jedoch nicht von den Ebengenannten, sondern von Schiefnase, einem verhältnismäßig jungen und wenig achtsamen Tier. Niemand hätte vermutet, dass gerade Schiefnase dazu auserwählt sein könnte, den groben, jähzornigen und oft sogar betrunkenen Hirten nach Betlehem zu führen, ausgerechnet ihn, der den Weg, wie jedermann weiß, sonst niemals gefunden hätte.

Das geschah folgendermaßen: Jan Spaltlippe – so hieß der Hirt – hatte gerade den Schnapskrug geleert, und weil der letzte Schluck stets einen bitteren Beigeschmack hat, so blickte der Hirt gereizt und grollend nach den

Schafen. Es war halb im Dämmer, aber noch so hell, dass man die zottigen Rücken der Tiere hätte zählen können, die mit hängenden und nickenden Köpfen auf dem gewohnten Weg dem Pferch zutrotteten. Man hörte nichts als ein halblautes, klägliches Bähen und das sanfte Getrappel der vielen Hufe im Schnee.
Jan Spaltlippe dachte nicht daran, die Schafe zu zählen. Er spürte einen schwelenden Zorn in der Brust; es gab ja genug, worüber ein Hirt, noch dazu ein schwarzgalliger wie Jan Spaltlippe, sich erbosen konnte. Musste es beispielsweise in dieser Jahreszeit so kalt sein? In den Wasserlachen krachte das Eis, gefrorener Schnee lag auf den Äckern, der Wind biss und zwickte in den Ohren. Noch grimmiger blickte Jan Spaltlippe drein, wenn er an seine Armut und Verlassenheit dachte. Er war unverheiratet geblieben, denn die Mädchen fürchteten sich vor seinem missgestalteten Mund. Auch einen Freund besaß Jan Spaltlippe nicht, weil er mürrisch und misstrauisch und wortkarg war. Man ließ ihn die schlechteste Arbeit tun und entlohnte ihn gering. Oft fehlte ihm sogar das Brot; auch heute würde er Grütze oder gelbe Rüben kauen müssen, nicht viel besser als das Vieh. Am schlimmsten aber kam es Jan Spaltlippe vor, dass der Schnapskrug leer war. Dabei barg der Krug gewöhnlich nur kratzigen Kartoffelschnaps – Jan Spaltlippe zog den Stöpsel herunter, roch an der leeren Höhlung und fluchte. Ja freilich, Wein wäre besser als Schnaps, und womöglich würde Jan Spaltlippe, falls er ein einziges Mal in seinem Leben einen Schluck Wein gekostet hätte, wovon er zuweilen träumte, auch einen feineren Geist und besser gegorene Gedanken gehabt haben, aber woher sollte er

einen Tropfen Wein kriegen, ohne ihn zu stehlen? Nein, Jan Spaltlippe erwartete nichts Gutes mehr, weder heute noch sonst. Zu allem Übel merkte er, dass in der Laterne, die an seinem Gürtel baumelte, kein Öl mehr war. Der Funke überm Docht flackerte erbärmlich; jeden Augenblick konnte er verlöschen. Da geschah es, kurz vor dem Pferch, dass Schiefnase auf die Seite sprang. Der Hund hetzte das Schaf eine Weile, aber das störrische Tier rannte, während die Herde gehorsam in die Umzäunung einbog, in Angst oder Trotz über den Acker fort, wo der Schnee fleckig hell in den Furchen lag und das Eis auf den Tümpeln glänzte.

»Gottsdonner«, fluchte Jan Spaltlippe, indem er das Gatter schloss, »was hat das Biest?« Er nahm einen Stein und warf. Der Stein flog über das fliehende Schaf weg, flog weiter und weiter, bis man ihn nicht mehr sehen konnte.

Das erzürnte den Hirten noch mehr. Niemals, solange er Schafe bewachte, war ihm ein Stein in die Hand gekommen, der weiter flog, als man ihn warf. Er bückte sich, er wollte einen zweiten Stein aufheben, aber sie waren sämtlich festgefroren, so fest, dass keiner sich lockerte.

Jan Spaltlippe blickte sich nach einem anderen Geschoss um, doch da er nichts fand, warf er, was er in der Hand hatte: den leeren Schnapskrug. So eine Torheit! Niemand als dieser jähzornige Kerl hätte derart Unsinniges getan. Der Schnapskrug aber flog und flog, viel weiter flog er als das flüchtende Schaf, flog über Disteln und kahle Sträucher, die das Brachland bedeckten, über dürre Nesseln, Melde und Kreuzkraut, immer weiter flog der Krug, bis die Dunkelheit ihn verschlang.

Jan Spaltlippe schäumte vor Wut. Was sollte er tun? Hinterherlaufen etwa und die Ruh, das gute, backenrasselnde Schnarchen, das die Armut fortscheuchte, versäumen?
»Soll der Blitz dich treffen!« wetterte der Hirt, riss die Laterne vom Gürtel und schleuderte sie in blindem, rasendem Zorn hinter Schiefnase her. Denkt doch, eine gläserne Laterne, in der obendrein ein zitternder, fast verlöschender Funke glomm – nein, das was selbst für einen Dummkopf wie Jan Spaltlippe zuviel.
Er steht am Gatterpferch und glotzt, sieht die Laterne davonfliegen, oh, es ist zum Staunen: sie wackelt durch die immer schwärzer aufquellende Finsternis, wackelt über Zäune und Heuhaufen, über Katen, in denen kein Fenster hell ist, über bucklige Scheunendächer, über den Bach und die Kopfweiden am Bach, immer weiter wackelt die Laterne, und der Funke glimmt wie ein Glühwurm in der Juninacht, schwebt, sinkt herab, hebt sich wieder, winzig gelb und mehr als tausend Schritte weit, bis er endlich über der schwarzen Mauer des Waldes stillsteht, ein bebender Stern.
Jan Spaltlippe macht ein paar Schritte, er stolpert, fällt, kommt wieder hoch: da ist der Acker und dort drüben, weit, weit weg, brennt seine Laterne! Jawohl, seine Laterne, ein rostiges, schiefes Ding mit zerbrochenem Glas! Aber er besitzt keine andere, er muss sie wiederhaben, ohne Laterne kann man nichts ausrichten in der Finsternis – Gottsdonner, was ist ihm bloß in den Schädel gefahren, dass er die Laterne, seine einzige Laterne, fortschmiss? So eine dreimal vernagelte Narrheit! Ist nicht Schiefnase, das Schaf, an allem schuld? Jan Spalt-

RK01

lippe keucht über den Acker, er schlittert über eisglitzernde Gräben, er tappt an den dunklen Häusern vorüber, er zwängt sich durch splitterige Zaunlatten und springt über die Moorlöcher, in denen das Wasser selbst in der kältesten Nacht nicht zufriert. Seine Jacke zerreißt, seine Hände bluten, seine Stiefel sind vom Moorschlamm bespritzt. Aber so groß ist Jan Spaltlippes Zorn, dass er nichts sieht und nichts spürt, nur den Stern in der Laterne sieht er und er keucht darauf los, ohne ein einziges Mal zu verschnaufen.
Endlich steht er vor einem niederen Stall, der sich in nichts von anderen Ställen dieser Gegend unterscheidet. Vor dem Stall aber wartet ein Schaf. Gelassen hebt es den Kopf, als habe es nichts anderes zu tun, als hier zu warten, und der Hirt, dessen Zorn mit einem Mal dahin ist wie Rauch im Wind, stutzt, wischt über die Augen und sagt: »Bist du es, Schiefnase?«
»Ja«, antwortet das Schaf.
»Was tust du hier?«
»Ich warte auf dich.«
»Und wo ist der Stein?«
Das Schaf zeigt mit seiner schiefen Nase seitwärts auf die Bank. Dort liegt ein Laib Brot, rund und knusprig gebacken.
»Ist das der Stein?«
»Ja«, antwortet das Schaf.
Da fragt der Hirt weiter: »Und wo ist mein Schnapskrug?«
Wieder zeigt das Schaf mit seiner schiefen Nase seitwärts, diesmal auf die Schwelle der Hütte, auf die von innen ein gelber Lichtschein fällt. Und ja, dort steht auch

der Schnapskrug! Spaltlippe tappt näher und riecht an der Öffnung des Kruges. Gottsdonner, hätte er beinahe gesagt, doch er verschluckt das unfromme Wort, seine Nase krümmt sich, er muss laut niesen.
»Wohl bekomm's«, sagt das Schaf.
Jan Spaltlippe weiß nicht recht, ob das Niesen oder der Inhalt des Kruges gemeint ist. Nach allem, was er da riecht, birgt die tönerne Höhlung keinen Kartoffelschnaps, beileibe nicht. Es riecht – ja, wie riecht es bloß? Jan Spaltlippe fühlt das Wasser in seinem Mund zusammenschießen wie die Gießbäche, wenn es Frühling wird, aber dies hier im Krug, das ist kein Wasser, nein, das ist – oh, es riecht süß und säuerlich zugleich, mit einem Wort: es riecht, es riecht unaussprechlich!
»Ist das Wein?« fragt Jan Spaltlippe endlich.
»Ja«, antwortet das Schaf.
Jan Spaltlippe zittert am ganzen Leib. »Und wo ist meine Laterne?« fragt er. Da zeigt das Schaf zum dritten Mal mit seiner schiefen Nase seitwärts zur Tür. Und die Tür öffnet sich und Jan Spaltlippe sieht alle seine Gefährten, die Hirten vom Feld, alte und junge, selbst den pausbäckigen Peter, den er erst gestern am Ohr gezaust hat, weil er ihm den Kautabak mitzubringen vergaß, der Lausebengel – alle miteinander sieht er sie drinnen im Stall vor einer Krippe knien, und über der Krippe am Balken dort, wo das Licht herkommt, hängt, ja, ganz gewiss, dort hängt Jan Spaltlippes rostige Laterne. Aber der Funke ist inzwischen so hell und weiß und strahlend geworden, dass der Hirte ihn nicht erkennt.
Er fragt auch nicht mehr. Er geht selbst hinein, zusammen mit dem Schaf Schiefnase, und beide knien

ebenfalls vor der Krippe nieder, Jan Spaltlippe links, Schiefnase rechts. Und er fragt immer noch nichts. Erst viel später, auf dem Heimweg, als der Hirt von allem, was er gesehen hatte, schon soviel begriff – na, sagen wir: wie das Licht eines Glühwurms, aber das ist genug –, da erst fragte Jan Spaltlippe: »Warum bin gerade ich auf so wunderliche Art zur Krippe gekommen?«
Schiefnase, das Schaf, überlegte nicht lange, sondern antwortete: »Der Fromme kommt durch Frommheit von selbst in den Himmel. Wer aber jähzornig ist wie du, muss durch Jähzorn hineingestoßen werden.«
Damit gab Jan Spaltlippe sich zufrieden.

Vom Fisch unter dem Eis

Silke, der Fisch, wusste schon längst, dass in jener Nacht auch der stummen Kreatur erlaubt sein würde, den Mund aufzutun, er freute sich sehr und beschloss, eine Rede zu halten. Wer wollte ihn deshalb verdammen? Schweigen ist eine strenge und beschwerliche Übung, das weiß jeder, der es einmal erprobt hat, und wenn der Fisch Silke auch von jeher in dieser Kunst Meister war, so gab es für ihn doch keine schönere Verheißung als eben die: einmal, nur ein einziges Mal, nach Herzenslust reden zu dürfen!
Je näher die Nacht also heranrückte, umso mehr fiel dem Fisch Silke ein, worüber es zu sprechen lohne, beispielsweise über die Klarheit des Wassers an hellen Sommertagen, über das schwellende Grün der Schilfgräser, über die Wildheit des Sturmes. Aber musste man nicht auch der Fischer gedenken, die im Herbst die Flut mit ihren tödlichen Netzen durchzogen? Außerdem war noch kein Sterbenswort an den armen Selbstmörder gewendet, der auf dem Grund des Teiches lag; wie konnte man darüber schweigen, dass er den Tod gesucht hatte aus verschmähter Liebe? Da lag er, die Arme ausgestreckt, im grünlichen Algengewächs, und er schien noch immer zu lächeln, obwohl die Schlammbeitzker und Spulwürmer ihr Möglichstes taten, dieses rührende

und unverständliche Lächeln für immer zu tilgen. Indessen, so dachte der Fisch weiter, sollte man derart Herzbewegendes und Verletzliches vielleicht gar nicht erwähnen, weil das Wort von grober Natur ist, nicht geschaffen für das Unaussprechliche. Dafür konnte man endlich dem Geschmeiß seine Verachtung bezeigen, den langbeinigen Teichläufern, den quecksilbrigen Taumelkäfern oder gar den Sumpfschnecken, den Larven und Raupen, die weder Flossen und Kiemen haben. Auch den Gelbrandkäfer sollte man nicht vergessen, noch weniger den Hecht, den grausamsten und räuberischsten der Feinde – ja, dies musste man tun: den Hecht anklagen, ihn vor Gericht ziehen, ihn verurteilen und bestrafen! Zuletzt aber besann Silke sich dennoch anders. Er hatte einmal in seinem Leben eine Heldentat vollbracht, nichts Großes und Weltbewegendes, nein, doch hatte er immerhin ein Kind vom Tode gerettet; wenigstens durfte es so ausgelegt werden, wenn man die näheren Umstände kannte. Das Kind hatte Blumen am Teich gepflückt, gelben Hahnenfuß und roten Weiderich, da stand es plötzlich vor der dunkel gleißenden Flut; es beugte sich vor, sein Spiegelbild zu betrachten, weit vor, noch weiter, und das Ufer war heimtückisch steil.
Wäre Silke in diesem Augenblick nicht aus dem Wasser geschnellt, gewiss, das Kind läge jetzt ertrunken auf dem Grund, grün übersponnen wie jener Selbstmörder, der es jedoch nicht anders gewollt. Die rettende Tat, so hoch Silke selbst sie einschätzte, war freilich von niemandem bemerkt worden. Deshalb nahm der Fisch sich vor, allein von dieser Sache zu reden, damit das Edle in der Welt nicht vergessen sei und Silkes Namen unter die

Leute käme, ja, Ruhm und Ehre sollten ihm endlich widerfahren.
Als aber die Nacht hereinbrach, war der Himmel dunkel und kalt. Die Erde wurde steinhart, das Wasser im Teich gefror, zuerst an den Rändern, dann in der Mitte; zuletzt schoss das Eis wie eine dünne, aber unzerbrechliche Haut über Silke zusammen. Da hing der Fisch nun bewegungslos unter dem Eis. Er starrte durch das graue, glanzlose Glas und hielt Ausschau nach dem Stern, denn ein solcher war geweissagt; ohne den Stern würde das Wunderbare sich niemals ereignen. Aber der Stern kam nicht. Nur die Wolken wanderten rastlos über den Himmel, die Wipfel der Bäume schüttelten sich; manchmal hörte Silke sogar den Sturm heulen, das gab einen fernen, dumpf raunenden Ton, der den Fisch nicht schreckte. Schrecklich war nur das Eis, denn wie konnte man reden mit einer gläsernen Haut über dem Mund?
Ach, wenn Silke sich an alles erinnerte, was er zu sagen vorgehabt, wurde seine Enttäuschung so groß, dass er am liebsten geseufzt oder jemandem sein Leid geklagt hätte; aber nicht mal einen Seufzer erlaubte ihm die fischige Natur. Stumm und verzweifelt wartete er in seinem Gefängnis. Er wäre jetzt schon froh gewesen, hätte man ihm statt der langen Rede eine kurze erlaubt, ein paar Worte über den Frühling vielleicht, wenn das Eis schmilzt und die Frösche im sonnigen Brackwasser laichen. Den Hecht anzuklagen, hatte er ganz vergessen. Auch seine Rettungstat schien ihm kaum der Rede wert; man musste bei so karg zugemessener Zeit von wichtigeren Dingen sprechen, vielleicht vom Stern, und ob man selber daran schuld war, dass der Stern nicht kam.

Ja, vom Stern wollte er sprechen, vom Stern ganz allein; plötzlich wusste Silke, der Fisch, dass es nichts Wichtigeres auf der Welt gab als den Stern.
In diesem Augenblick hörte er Schritte. Es kam jemand über das Eis; ein dunkles Gesicht, wie Silke noch nie eines gesehen hatte, beugte sich über die gefrorene Öffnung.
»Ist kein Wasser da?« fragte eine tiefe, fremdländische Stimme und Silke wunderte sich, weil er die Stimme verstand.
Wer bist du? hätte Silke gern gefragt, aber er konnte ja nicht sprechen und sicherlich wusste das der Fremde. Er antwortete nämlich, ohne gefragt zu sein. Er sagte: »Ich bin der dritte Weise aus dem Morgenland, Melchior mit Namen. Außer mir gibt es noch zwei andere Weise. Wenn du nicht ein Fisch wärest, hättest du bestimmt davon gehört. Dann wüsstest du auch, dass wir auf der Wanderung sind, den neugeborenen König zu grüßen und an seinem Thron zu knien. Er ist mächtiger als alle Herren der Welt, mächtiger sogar als der Hecht.«
Dies alles sagte der Fremde lächelnd. Dann fiel ein Schatten in sein Gesicht, und weil es von Natur nicht dunkler werden konnte, erbleichte es ein wenig.
Was bekümmert dich? wollte der Fisch wissen, denn er empfand Mitleid mit dem Fremden. Der Weise senkte den Kopf und antwortete: »Wir hatten einen Stern, der uns vom Morgenland her den Weg führte. Als wir aber in diesen Wald kamen, fingen wir alle drei an zu streiten, wer den Stern zuerst gesehen hätte, Balthasar, Kaspar oder ich. Wir kamen nicht überein; fast wären wir uns zornig in die Kronen gefahren, da merkten wir, dass der Stern

sich verbarg. Soviel wir auch die Hälse reckten, wir sahen ihn nicht mehr. Nur schämen konnten wir uns noch, wir törichten Weisen. Wir brannten ein Feuer an, setzten uns in den Schnee und ich ging, Wasser zu suchen. Aber wie ich sehe, ist auch dieser Tümpel zugefroren.«
Der schwarze Weise seufzte so schwer und tief, wie Silke noch niemals ein lebendes Wesen, einen Menschen oder gar einen Fisch, hatte seufzen hören. Zwei dicke Tränen rollten über Melchiors rußdunkle Backen, sie fielen herab und gefroren. Der Schwarze sah es und seufzte: »Fisch, hast du nicht den Stern gesehen?«
»Ja«, sagte der Fisch. Diesmal redete Silke wirklich. Das Wort aus dem Eis war deutlich zu hören. Der Schwarze unterbrach das Seufzen und bückte sich so tief herab, dass seine knollige Nase das Eis berührte. Da sah er den Stern, der sich in der gläsernen Haut des Wassers spiegelte. Und als der Weise aus dem Morgenland den Kopf hob, entdeckte er den Stern ebenfalls am Himmel, genau über dem Wasserloch. Melchior sprang auf, reckte die Hände, die nicht ganz so schwarz waren wie sein Gesicht, und rief: »Halleluja!« Dies allerdings war ein Wort, das der Fisch nicht verstand. Danach rannte der Weise Hals über Kopf zu den Gefährten und es war ihm gleichgültig, ob der Turban ihm auf die Ohren rutschte oder ob das prächtige, goldgestickte Gewand ihm wie ein Handtuch um die nackten Beine wirbelte.
Silke, der Fisch, blieb im Eis zurück und er war sehr glücklich, weil er den Stern entdeckte und weil er obendrein hatte reden dürfen. »Ja«, hatte Silke gesagt. Das war nicht viel, aber genug für jemanden, dem nur ein einziges Wort vergönnt ist.

Vom Wolf, der die Krippe sehen wollte

Die Kunde von der Krippe war auch zum alten Wolf Röckerott, der hungrig in seiner Höhle saß, gedrungen und er hörte davon so viel Gutes und Wunderliches, dass er die Krippe gern sehen wollte. Außerdem dachte er: wo eine Krippe steht, da ist zartes Lammfleisch nicht weit; und weil man ihm sowieso berichtet hatte, dass alle Kreatur ihr Heil fände in dieser Nacht, so wässerte ihm das Maul nach einem guten Beutestück.
Röckerott trottete los. Es war kalt, doch der Schneefall hatte aufgehört. Das ärgerte den Wolf. Man hinterlässt nicht gern eine Spur, wenn man zur Krippe unterwegs ist, denn für einen Wolf ist das ein verächtliches Ding. Niemals hatte Röckerott eine Krippe gesehen, ohne ein unflätiges Wort fallen zu lassen; noch lieber machte er einen Bogen darum.
Der frisch gefallene Schnee hatte auch sein Gutes. Den Weg nach Betlehem zwar hätte der Wolf selbst bei größter Dunkelheit gefunden, dazu brauchte er den Glanz nicht, der über den Feldern wie gefrorene Milch ausgeschüttet lag. Noch weniger hätte er des Sternes bedurft, der unliebsam groß und hell, gleich einer Laterne, am untersten Riegel des Himmels hing. Sterne sind für einen Wolf weniger von Belang, es sei denn, sie zeigten,

wie gerade jetzt, eine Hasenspur im Schnee, die lebhaft nach Wolle roch.
Röckerott beschleunigte den Schritt und bald hatte er den langohrigen Burschen eingeholt. Er kannte ihn schon, es war Hinkepoot, ein überjähriger gewitzter Feldhase, der seinen Feinden bisher stets entkommen war, weil niemand ihn an List und Schnelligkeit übertraf.
Hinkepoot saß auf den Läufen im Schnee und knabberte an einem Kohlstrunk. »Guten Morgen, Bruder Wolf«, sagte er, denn es war kurz nach Mitternacht, der neue Tag hatte begonnen, »auch nach Betlehem unterwegs?«
Den Wolf verdross die freundliche Anrede. Er knurrte böse und fletschte die Zähne, allein er hörte, zu seiner eigenen Verwunderung, sich sagen: »Warst du schon dort, Bruder Hase?« Hinkepoot hüpfte näher heran. »Freilich«, sagt er, fast beleidigt, »wir Hasen haben gute Ohren. Wir hören nicht nur den Wolf, wir vernehmen auch die Stimme des Engels.«
»Engel?« knurrte Röckerott. »Ist das zum Fressen?«
»Ich weiß nicht, ob ein Engel sich fressen lässt«, antwortete der Hase. »Fleisch scheint jedenfalls nicht viel dran zu sein. Aber die Krippe solltest du sehen, Bruder Wolf –«
»Deshalb bin ich ja unterwegs«, brummte der Wolf. »Sind auch Lämmer bei der Krippe?«
»O ja«, meinte der Hase, »Lämmer mehr als genug.«
»Was tun sie dort?« fragte der Wolf.
»Sie singen Hosianna«, erwiderte der Hase.
Röckerott tat einen zornigen Satz und trottete weiter. Am meisten ärgerte er sich darüber, dass er dem unverschämten Hasen nicht eins ausgewischt hatte; einen

Schlag mit der Tatze hätte er ihm wenigstens geben sollen. Aber er wusste selbst nicht, weshalb er den einfältigen Burschen ungeschoren ließ.
Bald darauf stieß Röckerott auf eine Wachtel. Sie saß mit plustrigen, gesprenkelten Flügeln auf einem Dornstrauch und rief: »Pickwerwick! Wer geht mit?« Als sie den Graupelz kommen sah, flog sie ihm entgegen.
»Guten Morgen, Bruder Wolf«, sagte die Wachtel, »auch nach Betlehem unterwegs?«
»Das geht dich nichts an«, knurrte Röckerott böse und er nahm sich vor, diesmal kürzeren Prozess zu machen.
»O doch«, erwiderte die Wachtel, »ich habe den Auftrag, alle Tiere im Wald zur Krippe zu rufen.«
»Wärest du auch zu mir gekommen?« fragte der Wolf lauernd.
»Ja, zu dir auch«, antwortete die Wachtel.
»In die Höhle?«
»Warum nicht in die Höhle? Ich weiß doch, wo du wohnst!«
»Hast du keine Angst, dass ich dich fresse?«
»Nein«, erwiderte die Wachtel, »heute nacht habe ich keine Angst.«
Da heulte der Wolf, so laut er konnte, um der Wachtel Angst zu machen; es klang schaurig über die Flur von Betlehem, die im Lichte des Sterns lag, mild und friedlich.
Die Wachtel sagte: »Es ist lieb von dir, Bruder Wolf, dass du mir beim Singen helfen willst.«
Röckerott, als er das hörte, tat einen Satz und trottete weiter. Vor Wut knirschte er mit den Zähnen. Wachtelfleisch dünkte ihm sonst der leckerste Bissen und es

wäre nicht schwer gewesen, dem gesprenkelten Rufer eins über den Schnabel zu geben, zumal der Wolf wusste, dass die Wachteln beim Singen die Augen schließen. Statt dessen hatte Röckerott geheult und sich lächerlich gemacht. Wahrhaftig, eine schlimme, eine beunruhigende Nacht! Zuletzt, als der Wolf dem Stall schon nahe war, traf er auf einen Igel. Das war nicht gerade nach Röckerotts Appetit; einen Igel verspeist man nur in der größten Verlegenheit. Röckerott wendete also den Kopf kaum, doch der Igel rief hinter ihm her: »Guten Morgen, Bruder Wolf! Auch nach Betlehem?«

Röckerott kannte die Litanei schon; er hätte sicherlich geschwiegen, wenn er nicht etwas entdeckt hätte, was ihn über die Maßen wunderte. Er blieb stehen und fragte: »Weshalb hast du keine Stacheln mehr, du dummer Igel?«

»Nur für diese Nacht«, sagte der Igel, »habe ich die Stacheln, die du ja kennst, abgelegt. Morgen werden sie wieder wachsen, Bruder Wolf.«

Röckerott schlug den Schwanz durch die Luft, dass es zischte. »Warum das?«

»Ich wollte mal sehen, wie es sich ohne Stacheln lebt«, antwortete der Igel.

Da ließ Röckerott ein zweites Mal den Schwanz durch die Luft sausen.

»Es ist nett von dir, Bruder Wolf«, sagte der Igel, »dass du mir Wind zufächelst. Aber ich bin noch empfindlich auf der nackten Haut!«

»Wie soll ich das wissen«, knurrte der Wolf. »Mir ist noch nie ein Igel ohne Stacheln begegnet.«

»Bald weißt du es«, lächelte der Igel, »wenn du an der Krippe gewesen bist.«
Röckerott, als er das hörte, tat einen Satz und noch einen, da lag der Stall vor ihm in der Nacht. Die Tür war angelehnt, der Lichtschein, gelb wie Stroh, fiel heraus in den Schnee. Mitten im Licht aber hockte ein Lamm, rosig und zart, eine richtige Milchschnute; so hieß das Lamm auch.
Der Wolf leckte die Zähne. Also bin ich doch nicht umsonst aus der Höhle aufgebrochen, dachte er. Und bevor das Lamm ein Wort über die Lippen brachte, die weiß waren von der Milch, die es getrunken, sperrte der Wolf den Rachen weit auf.
Da wurde gleichfalls die Stalltür aufgetan, ein Hirte trat heraus und sagte: »Guten Morgen, Bruder Wolf. Du kommst zwar spät. Doch das ist besser, als kämest du gar nicht. Tritt näher –.«
»Nein«, knurrte der Wolf, den die Anwesenheit des Hirten ärgerte, »ich will nur die Krippe sehen.«
»Auch gut«, erwiderte der Hirt. »Die Krippe ist wohl nicht die Hauptsache, aber sie birgt alles, was uns in dieser Nacht geschenkt wurde. Komm und sieh es dir an.«
»Nein«, knurrte der Wolf, der auf eine List sann, mit dem Lamm allein zu sein. »Ich will nicht in den Stall. Hol die Krippe heraus, dass ich sie betrachte.«
Der Hirt schüttelte unwillig den Kopf. Dann besann er sich und sagte: »Ich will hineingehen und fragen.«
Das war dem Wolf gerade recht. Er wartete, bis sich die Tür hinter dem Hirten schloss, dann sprang er mit einem wilden Satz gegen das Lamm und bohrte die

Zähne in den weichen, wolligen Hals. Das heißt, er wollte das tun; seine Blutgier war jetzt so groß, wie sie noch niemals gewesen, und sein Rachen war furchterregender denn je, aber so sehr der Hunger und die Mordlust ihn zwangen, er konnte nicht beißen, nein, die Kiefer, diese gewaltigen Wolfskiefer, klafften weit und waren mit aller Kraft nicht zueinander zu bringen.
»Wie gut bist du, Bruder Wolf«, kicherte das Lamm, »weil du mich streichelst. Du weißt gewiss, dass ich am Hals besonders kitzlig bin.«
Röckerott, das Maul voller Zorn, war nicht imstande zu antworten, zumal der Hirt, in seinen Holzschuhen schlurfend, aus dem Stall trat.
»Hier ist die Krippe«, sagte der Hirt, »du kannst sie betrachten.«
»Und das Kind?« fragte der Wolf.
»Die Mutter gibt ihm gerade zu trinken«, antwortete der Hirt.
Röckerott beugte den zottigen Kopf über das Holz und schnupperte in der leeren Höhlung. Es roch wunderbar zart und so rein, dass der Wolf nicht den geringsten Blutdurst mehr verspürte. Wohl zuckte die Kraft noch mächtig in seinen Kiefern und Muskeln, aber er wusste mit einem Mal, weshalb der Hase Hinkepoot und die Wachtel und der Igel sich nicht vor ihm gefürchtet hatten.
»Hör auf, Bruder Wolf«, kicherte das unvernünftige junge Schaf, dem es Spaß machte, wie der graue Zottenkerl den Hals reckte und nicht genug schnüffeln und jachtern konnte. Zuletzt leckte er gar das Holz mit der

Zunge ab und die Zunge war blutrot, dass der Hirte selber erschrak über so viel inbrünstige Gier. Er riss dem Wolf unsanft die Krippe weg und ging damit wieder in den Stall.
»Ich sehe, dass du einer der Schlimmsten bist«, scherzte Milchschnute, das Lamm. »So sagte man mir jedenfalls.«
»Was sagte man?« forschte der Wolf, noch erfüllt von himmlischen Gedanken, doch nicht ohne Argwohn.
»Immer müsstest du gleich alles verschlingen«, schäkerte Milchschnute. »Das ist wahr, du Böser, denn selbst vor einer Krippe machst du nicht Halt.«
»Kann sein«, erwiderte der Wolf verwirrt. Danach trottete er heim in seine Höhle. Am Pelz hing ihm ein Hälmchen Krippenstroh, und solange dieses Hälmchen nicht abfiel – das geschah freilich schon am nächsten Tag –, fürchtete die schwache Kreatur sich nicht vor seinen Zähnen.

Vom Raben, der auf des Herodes Dach saß

Der Rabe Korr, der auf des Herodes' Dach saß, war schwarz wie alle anderen Raben; das verdross ihn, denn er war ein sehr eitler Vogel. Er versäumte es nie, sobald ein Fenster im Schloss offen blieb, sich in des Herodes' großem Spiegel zu betrachten.
Wenn er dort auf einem der purpurnen Polster hockte, den Kopf schräg, die Flügel gespreizt, konnte man ihn mit heiserer Stimme sagen hören: »Dieses gewöhnliche Schwarz! Man wird wahrhaftig für eine simple Krähe gehalten!«
Herodes, sooft er die Worte des Raben vernahm, lachte und sprach: »Wie möchtest du denn aussehen, wenn du nicht schwarz sein willst, dummer Rabe?«
»Weiß«, antwortete Korr. »Weiß möchte ich sein, denn Weiß ist eine vornehme Farbe. Auch die Engel sind weiß.«
Herodes lachte noch lauter: »Niemals wird das geschehen«, rief er, »oder die Welt hat sich verkehrt und die Krone wackelt auf meinem Haupt!«
»Kann noch kommen«, krächzte der Rabe und flog weiter aufs Dach.
Als dann die drei Weisen aus Morgenland zum Schloss des Herodes zogen, rief Korr schon von weitem: »Ich weiß, wen ihr sucht! Aber ihr werdet ihn hier nicht finden!«

Die Weisen hoben alle drei gleichzeitig den Kopf. Sie trugen Kronen und Turbane. Der erste war alt und graubärtig. Der zweite war glatt ums Kinn, rosig wie Milch und Blut und unerfahren. Der dritte war schwarz, doch längst nicht so schwarz wie der Rabe Korr.
»Ich weiß, wen ihr sucht!« rief Korr. »Aber ihr werdet ihn hier nicht finden!«
»So sage, wo wir ihn finden!« rief der schwarze Melchior zurück.
Korr schlug mit den Flügeln und rief: »Mit dir spreche ich nicht. Du bist ebenso schwarz wie ich!«
Da fragte Balthasar, der Graubärtige: »Wo werden wir den Gesuchten finden? Sprich, wenn du es weißt, du altkluger Vogel.«
»Alt bin ich wohl«, erwiderte Korr gekränkt, »aber du selbst bist noch viel älter, wenn auch kaum klüger als ich. Deshalb sage ich dir nichts!«
Als Kaspar, der milchjunge, dies hörte, verbeugte er sich tief vor dem Raben und lächelte: »O du wunderbarer Vogel«, rief er, denn die Worte kamen ihm leicht, er dichtete heimlich, »der du auf des Herodes' Dach sitzest und goldne Worte der Weisheit herabträufst, billig wie Regentropfen, sage uns, wohin wir den Schritt lenken sollen, damit wir endlich am Ziel sind.«
Dem Raben gefiel Kaspars schwungvolle Rede. Er spreizte die Federn und antwortete: »Dreierlei sage ich euch! Dreierlei müsst ihr mir geben!«
»Es sei, du geflügelter Prophet, großäugiger Seher!« rief Kaspar zurück. Er war jung und leichtsinnig, das merkte man bei jeder Gelegenheit. Wie hätte er sonst dem Vogel versprechen dürfen, was er gar nicht wusste?

Balthasar schüttelte mißbilligend das Haupt. »Mir gefällt der lockere Ton nicht«, sagte er. »Wir sind ernsthafte Weise und sollten uns nicht auf Kapriolen einlassen.«
Der Schwarze dagegen, Melchior, schürzte die runden, korallenroten Lippen und pfiff. Schließlich brummelte er in seiner fast unverständlichen Sprache: »Mitunter sagen eitle Narren die Wahrheit.« Er begann wieder zu pfeifen.
»Sage, was wir dir geben sollen!« rief Kaspar.
»Ich will weiß werden«, antwortete der Rabe.
»Ist das dreierlei?« fragte Kaspar zurück.
»Weiß am Kopf, weiß am Rumpf, weiß an den Flügeln – das ist dreierlei«, erwiderte der Rabe rechthaberisch.
»Gut«, sagte Kaspar, »dein Wunsch soll dir erfüllt sein. Aber nun sage schnell, wo wir den neugeborenen König finden.«
Der Rabe rief: »Nicht hier, sondern in Betlehem! Nicht hier, sondern in Betlehem!«
»Und das Zweite?« fragte Kaspar.
»Er wird in einem Stall geboren. Er wird in einem Stall geboren!«
»Und das Dritte?«
»Er ist mächtiger als alle Herren der Welt! Mächtiger als alle –«
In diesem Augenblick trat Herodes hinter der Säule vor, wo er das Gespräch der Fremden mit Korr belauscht hatte. Herodes rief zornig: »Was schwatzt er da, der unverschämte Vogel? Soll der neugeborene König mächtiger sein als ich? Wo er doch in einem Stall zur Welt kommt?« Argwöhnisch bat er die fremden Herren ins Haus.

RK02

»Halt!« rief Korr hinter den Gästen des Königs her. »Ich bin noch nicht weiß!«
Da wendete der alte Balthasar sich auf der Schwelle um. »Was wir versprachen, wird geschehen«, entgegnete er streng. »Doch müssen wir erst prüfen, ob du die Wahrheit gesagt hast.«
Bald darauf verließen die Weisen aus Morgenland des Herodes' Schloss. Korr wartete Stunde um Stunde. Als es Abend wurde, dachte er: Jetzt müssen sie dort sein. Er blieb, obwohl es bitterkalt wurde, auf dem Dach sitzen. Der Mond stand bleich am Kamm der Berge und schwand. Gegen Juda jedoch loderte ein Stern groß und gewaltig, dass dem Raben angst wurde unter seinen schwarzen Federn, denn einen solchen Stern hatte er noch niemals gesehen. Zitternd vor Furcht hüpfte er vom Dach auf den Fenstersims, und als er an die Scheibe pickte, öffnete das Fenster sich von selbst.
Im Saal des Herodes war es taghell. Das Sternlicht fiel scharf und mild zugleich auf den purpurnen Thronsessel. Die goldenen Troddeln des Baldachins glänzten böse. Das Zepter lag auf dem Fußboden, die Krone war in die Ecke gerollt, als habe ein Erdbeben das Haus erschüttert.
Der Rabe, froh, der Kälte entronnen zu sein, doch scheuer als sonst, hüpfte auf den leeren Sitz des Thronsessels, von da auf den Baldachin, der mit einem silbernen Davidstern geschmückt war. Ganz oben saß Korr, auf einer Zacke des Davidsterns. Er krächzte befriedigt; er senkte den Schnabel und zupfte an den Federn.
Wie erschrak der Rabe jedoch, als er unversehens einen Blick in den Spiegel warf! Über und über weiß war er

geworden! Welch ein rasches, kaum noch erwartetes Wunder!
Korr flatterte näher an den Spiegel heran. Er drehte sich, er hüpfte, er tanzte. Wahrhaftig, keine einzige Feder war schwarz geblieben, nicht mal der zarte Brustflaum oder die winzigen Federchen oberhalb der gespreizten Krähenfüße! Korrs Vogelherz klopfte laut. Vielleicht war dieses Klopfen daran schuld, dass Herodes, der nebenan lag, erwachte. »Was tust du hier?« fragte er gallig.
»Ich betrachte meine Federn«, antwortete der Rabe. Herodes erschrak. »Du bist weiß geworden, Rabe«, sagte er. Seine Stimme zitterte. Dann begann er zu brüllen. Er rannte mit geballten Fäusten im Saal des Palastes umher und merkte gar nicht, wie lächerlich das aussah. »Ich werde diesen König ausrotten, wenn es ihn wirklich gibt!« brüllte er.
»Es gibt ihn«, sagte der Rabe triumphierend. »Aber du wirst ihn nicht finden.«
»So werde ich alle neugeborenen Kinder in Betlehem töten lassen!« schrie Herodes. »Alle! Keines soll entkommen!« In seiner Wut wollte er das Schwert ziehen, doch er hatte nichts als den Morgenrock an. Ohnmächtig zitternd stand er vor dem Spiegel. Seine Zehen krümmten sich. Da wurde es dem Raben angst; nicht deshalb, weil Herodes ihn aus dem Haus jagte, als wäre er, der Vogel, die Ursache des Unheils, nein, es ängstigte ihn der Gedanke, der Tyrann könnte seinen Plan wahr machen. Alle Kinder in Betlehem töten – wie entsetzlich! Das Schlimmste aber, das Unausdenkliche: wenn auch er, der neugeborene König, der Herr und Retter der Welt, sterben müsste! Die Welt wäre verloren und nie-

mand anders als der Rabe war daran schuld. Denn allein durch Korrs Eitelkeit erfuhr Herodes vorzeitig, was im Stall zu Betlehem sich ereignet hatte. Oh, man musste das Kind warnen, man musste –

Der Rabe Korr wartete den Morgen nicht ab. Da die Nacht sehr hell war, machte er sich sogleich auf den Weg nach Betlehem. Freilich, er kam nicht wie sonst ungehindert voran, er war ja inzwischen ein weißer Rabe geworden. Überall, wo man ihn entdeckte, scharten die Vögel sich um den seltsamen Genossen: Elstern, Häher, Sperber, Drosseln, Finken – kein Tier schlief in jener Nacht. Selbst der Bussard stieß aus dem Baumwipfel herab und die Dohlen flatterten lärmend vom Turm der Davidsburg. »Ein weißer Rabe!« krächzten und pfiffen und keckerten die Vögel. »Hackt ihn! Reißt ihm die Federn aus!«

Korr versuchte zu entkommen, doch es trafen ihn Schnabelhiebe und scharfe Krallen. Blut troff über das weiße Gefieder, und wenn dieses Blut nicht gewesen wäre, vielleicht hätte Josef, der an seinem Stecken schnitzte, wirklich geglaubt, ein Engel müsse sich auf seine Schulter gesetzt haben, denn er hörte beim Schnitzen plötzlich eine heisere, erschöpfte Stimme, dicht an seinem Ohr. Die Stimme beschwor ihn, er möge die Mutter und das Kind wecken und noch in derselben Nacht aus Betlehem fliehen.

»Jetzt«, raunte die Stimme, »jetzt gleich, ehe es zu spät ist!« Aber das war womöglich gar kein Engel? Zwar, die Engel sind weiß geflügelt und dieser Vogel ist ebenfalls weiß – Josef meinte zu träumen und schüttelte ärgerlich den Kopf.

»Nein«, sagte Korr, »ich bin kein Engel. Ich bin ein Rabe, nichts weiter.«
»Warum hast du dann weiße Flügel? Und überhaupt, du bist ja von vorn bis hinten weiß?«
»Das ist eine lange Geschichte, die ich dir jetzt nicht erzählen kann«, antwortete der Vogel.
»Du hast uns einen großen Dienst getan«, sagte Josef. »Deshalb solltest du dir etwas wünschen.«
Korr senkte den Kopf. »Nicht deshalb bin ich gekommen –«, dabei warf er einen scheuen Blick nach der Krippe.
»Wünschen kann nie schaden«, entgegnete Josef.
»Dann wünsche ich mir«, sagte Korr, »dass meine Federn wieder schwarz werden sollen, wie zuvor.«
»Keinen einzigen weißen Flügel?«
»Nein.«
»Und die Schwanzspitze auch nicht weiß?«
»Nein, die Schwanzspitze auch nicht.«
»Nanu«, verwunderte sich Josef, »willst du wie eine simple Krähe aussehen?«
»Das bin ich doch«, sagte Korr.
Und als der Rabe aus dem Stall hinausflog, sah er im Glas der Laterne, die am Türpfosten hing, dass sein Wunsch in Erfüllung gegangen war. Er kehrte jedoch nie auf das Dach des Herodes zurück.

Vom Esel, der nicht glauben wollte

Dem Esel von Betlehem, Asinello, war in jungen Jahren geweissagt worden, er solle den Herrn der Welt tragen und der würde ihn ins rechte Ohr zwicken.
Asinello gehörte dem Wirt »Zum fünfzackigen Stern«, und da er mit Pferd, Ochs und Ziege gemeinsam den Stall bewohnte, machte er viel Aufhebens von der Ehre, die ihm widerfahren würde. Er beanspruchte besseres Futter, aber er bekam nur Prügel dafür und musste obendrein hungern. Auch gefiel ihm das lederne Zaumzeug nicht. Er meinte, es wäre allzu arg zerschlissen; damit hatte er zweifellos Recht. Am schlimmsten aber war es mit der Satteldecke. Sie bestand aus einem Kartoffelsack, noch dazu aus einem schmutzig grauen, siebenmal geflickten, doch soviel Asinello dem Wirt auch in den Ohren lag, er wollte ihm keine andere Satteldecke geben. »Für mich genügt sie«, sagte der Wirt, »und für einen Esel schon lange.«
Wie konnte er wissen, dass der Esel sie gar nicht für sich selbst, sondern für den Herrn der Welt haben wollte! Freilich, Asinello hätte gern Staat mit der Satteldecke gemacht, aber bei den Schimpfworten und Stockschlägen des Wirtes vergingen ihm solche Gelüste bald. Er schrie und bockte, er trat und wurde getreten, er krümmte den Rücken und ließ die Ohren hängen, kurz, Asinello

wurde zuletzt ein Esel wie alle anderen Esel auch und glaubte nicht mehr an die großartige Botschaft. Er schwieg einfach, denn er wollte den Spott der Tiere nicht herausfordern. Und wo eins von denen etwa gefragt hätte: »Na, wie ist es, Asinello? Wartest du immer noch auf den Herrn der Welt?«, so würde unser Freund nur den Kopf geschüttelt haben, den langen, graufilzigen Eselskopf mit der hängenden Unterlippe und den großen, trübsinnigen Augen.
Einmal jedoch kam der Bürgermeister von Betlehem am Stall vorüber, und während er ein paar Worte mit dem Wirt wechselte, über das Wetter wahrscheinlich oder die Zählung, die zum Ärger der Behörde gerade damals angeordnet worden war, lief ein Bote herein, der den Bürgermeister eilig über Land befahl. »Hast du gehört«, sagte der Bürgermeister zum Wirt, »die Sache pressiert«, und er verabschiedete sich schnell. Doch da er keine Zeit verlieren wollte, drehte er auf dem Absatz um, kam zurück und sagte: »Kannst du mir deinen Esel leihen, Freund?« Der Wirt schob die Kappe auf seinem kahlen Kopf zurück. Es war ihm eine Ehre, dem Bürgermeister gefällig zu sein, zumal der ihn seinen Freund genannt hatte. »Wenn Ihr mit dem alten Klepper vorlieb nehmen wollt«, entgegnete er und zog Asinello aus dem Stall.
Asinello war sehr glücklich. Schon oft hatte er davon geträumt, den Bürgermeister tragen zu dürfen. Dieser galt als ein mächtiger Mann. Nach allem, was man von ihm wusste, konnte es sogar sein, dass er der Herr der Welt war, denn Betlehem besaß bei so vielen Häusern, Tieren und Menschen nur diesen einen Bürgermeister. Zudem war Betlehem ein rühmenswerter,

großer Ort, der größte, den Asinello jemals gesehen hatte, und er lag gewiss mitten in der Welt. Asinello wartete also darauf, dass der Bürgermeister ihn ins rechte Ohr zwicken würde. Er bebte bei jedem Schritt; er schrie auch einige Male wie zur Ermunterung und hob den Kopf gegen den mürrischen Reiter – aber nichts von dem, was Asinello erhoffte, geschah. Im Gegenteil, der Bürgermeister achtete des Tieres kaum, er hatte es eilig und wälzte im Kopf allerlei amtliche Gedanken. Wie gewöhnlich ärgerte er sich über die Anmaßung der Oberen, denen er dennoch willfahren musste, weil er ein kleiner, unbedeutender Mann war, dem das Schlucken öfter zukam als das Befehlen oder gar das Räsonieren.
Jetzt allerdings, gegen Ende der Reise, schwieg der Bürgermeister nicht mehr. Er nannte den Esel »Tranlampe« oder »graues Elend«, er schlug ihn mit dem Stock und trat das Tier in die Flanken; aber selbst das rechnete Asinello sich zur Ehre, denn solche kostbaren ledernen Stiefel, wie der Bürgermeister sie trug, gelb, mit dunkel abgesteppten Nähten, besaß kein anderer in Betlehem.
Noch manches ereignete sich auf dieser Reise, was man hätte erzählen können. Doch nichts von dem, was Asinello erwartet hatte. Auch später geschah dies nicht, obwohl der Esel viele große und kleine Herren auf dem Rücken trug, zumeist kleine. Asinello verzweifelte nicht, nein; dazu hätte er kein Esel sein dürfen, denn diese Gattung ist geduldig und über die Maßen standhaft. Doch gehörte er schließlich zu denen, die weder hoffen noch glauben; wer wollte das einem Esel, der sooft ent-

täuscht wurde, verargen? Es geschah aber auch, dass Asinello sich selbst tröstete. »Ein Esel hat nun einmal kein besseres Leben«, seufzte er trübsinnig, »und was mich betrifft« – dabei stellte er die Ohren aufrecht –, »so empfing ich doch wenigstens eine große Weissagung und träumte davon, dass sie sich erfüllen könnte. Dieser Traum soll mir genug sein, denn er ist nicht jedem Esel beschert.«

Ja, und ganz wie ein Traum kam dem Esel auch alles andere vor, das in der Heiligen Nacht geschah. Besonders, als die fremden Herren hereintraten, mit Turbanen und Kronen geschmückt, mit grünen, gelben und roten Gewändern, mit Weihrauch in den Händen, mit Gold und Myrrhe, da schrie Asinello vor Entzücken laut, sodass einer der hochachtbaren Gäste – es wird wohl Melchior aus Afrika gewesen sein – näher herantrat und mit seinen schwarzen Fingern Asinello das Fell kraulte. Nicht viel hätte gefehlt, so würde der afrikanische König den Esel ins Ohr gezwickt haben, aber dies nutzte sowie nichts, weil Asinello den Schwarzen nicht gleichzeitig trug.

Die Fremden machten sich denn auch bald auf die Heimreise. Als Asinello durch den Spalt der Bretterwand lugte, sah er, dass drei hohe, rotaufgezäumte Kamele draußen im Schnee standen, mit goldenem Kopfputz und purpurnen Satteldecken. Da schämte sich der Esel, dass er einen Augenblick lang geglaubt hatte, er könne einen von diesen hochgeborenen Herren tragen. Selbst der Traum kam ihm nun allzu vermessen vor. Kurz danach aber ging im Stall ein heimliches Rumoren an. Asinello sah, dass der bärtige Kindsvater,

der sich Josef nannte, den Reisesack schnürte. Wollen sie etwa über Land, jetzt zu nachtschlafender Zeit? murrte der Esel. Und da er die bittere Armut dieser Leute erkannte hatte, die trotz der königlichen Geschenke nicht mal ein Tragtier besaßen, und weil draußen der Frost klirrte und die Luft nach Schnee roch, so wühlte Asinello sich tiefer ins Stroh, er wollte mit solch hergelaufenen Leuten nicht in die Nacht und in die Kälte hinaus.
Der Mann aber, der wortkarge und manchmal grimmig lächelnde Josef, machte nicht viel Umstände. Er zog den Esel am Halfter und redete mit tiefer, brummiger Stimme auf ihn ein. Asinello stellte sich schlafend, doch Josef rüttelte ihn wach. »Schnarch jetzt nicht«, sagte Josef, »wir müssen fort.«
Der Esel tat, als wäre er taub. Da zeigte Josef, mit dem Daumen über die Schulter. Asinello sah die junge Mutter, welche Maria hieß, auf dem Hauklotz sitzen. Sie hatte das Kind ins Schultertuch gewickelt und wartete auf den Anbruch der Reise. Ihre sonst so rosigen Wangen waren blaß; sie nickte dem Esel zu und sagte: »Armer Asinello.« Sehr leise sagte sie das, doch Asinello hörte es trotz seiner Taubheit. Die junge Mutter tat ihm Leid, weil sie mitten in der Nacht fort sollte; noch mehr erbarmte ihn das Kind, dessen Augen so sanft geschlossen waren, als gäbe es keine Finsternis in der Welt, keinen Frost und keine unbekannten Straßen.
»Komm«, sagte Josef zum dritten Mal.
Asinello erhob sich ächzend. Die Beine schmerzten in den Gelenken, aber der Esel wollte nun doch seine letzte Kraft hergeben, wenn dies auch ein erbärmliches und fast hoffnungsloses Unternehmen war.

Josef brachte das Zaumzeug in Ordnung, so gut es gehen wollte. Danach deckte er den Kartoffelsack über den Rücken des Tieres und hob die Mutter samt dem Kind hinauf.
Die Last war nicht schwer. Asinello reckte erfreut den Hals; doch als er schreien wollte, hielt der Mann ihm das Maul zu und sagte: »Still, dummer Esel. Weißt du nicht, dass wir auf der Flucht sind?«
Da merkte Asinello, dass die Laterne ohne Licht und dass die Nacht sehr dunkel war. Doch woher kam der gleißende Schein, der mitunter in Marias Gesicht fiel und der jetzt vor dem Esel einherging wie ein Mensch, der von innen leuchtete? Wusste er den Weg durch die Finsternis? Asinello schüttelte den Kopf und schnaufte. Wie sonderbar war das!
Noch mehr wunderte der Esel sich, als er in einer engen Straße bei dem kaiserlichen Soldaten vorüberkam, der, auf seinen Speer gestützt, mitten auf dem Pflaster stand und Acht gab, dass niemand vorbeiwischte, vor allem keiner mit einem Kind unter zwei Jahren. Gut so, dachte der Esel – aber er schämte sich gleichzeitig dieses unfrommen Gedankens –, jetzt ist die Flucht zu Ende. Man wird das Kind entdecken und ich krieche ins Stroh. Womöglich ist es noch warm, das Stroh.
Aber der Soldat rührte sich nicht von der Stelle. Er blickte starr geradeaus; er sah weder den Mann noch die Frau, noch das Kind. Nicht mal die Hände bewegte er, die in dicken Fäustlingen steckten. Asinello, da er vor dem Soldaten nicht mehr gelten sollte als Luft, fühlte sich gekränkt. Er war zwar oft in seinem Leben veracht-

RK01

lich behandelt worden, doch so gering hatte noch keiner ihn eingeschätzt. Weil er an den warmen Stall dachte, schrie Asinello laut, um die Aufmerksamkeit des Soldaten zu erregen. Doch was war das? Kein Laut, nicht der leiseste, kam aus Asinellos Kehle, so viel er sich auch Mühe gab. Oder hatte der Soldat den Schrei nur nicht gehört?
Am meisten erstaunte der Esel, als sie zum Stadttor kamen. Die Wächter saßen seitlich am Feuer und würfelten. Trotz ihrer groben Stimmen waren sie nicht laut; das Aufstoßen des Bechers und das Rollen der Würfel auf dem Trommelfell hörte man in der nächtlichen Stille gut. Asinello, schämenswert, hoffte von neuem, die Flucht könnte umsonst sein. Sie werden uns nicht durchs Tor lassen, dachte er und trottete in scheinheiliger Gelassenheit auf das Wachtfeuer zu. Die Wächter setzten das Würfelspiel fort, als gäbe es da nur ein paar winzige Schneeflocken, die durch die Luft wirbelten und auf den glühenden Scheiten verzischten. Das Tor öffnete sich ohne Laut. Asinello schritt langsam hindurch, bereit, bei dem ersten Anruf stillzustehen; doch nichts geschah: lautlos schlossen sich hinter den Flüchtlingen die Riegel.
Den Esel erfüllte Verachtung. Wie gering müssen die Leute sein, die ich trage, dachte er, wenn selbst ein gewöhnlicher Soldat sie nicht zu bemerken braucht und die Torwächter keinen Pfennig Zoll von ihnen erwarten. Am liebsten hätte Asinello die Last abgeworfen und wäre querfeldein zurück nach Betlehem gerannt.
Was hinderte ihn eigentlich, das zu tun? Er war von je eine unrühmliche, bejammernswerte und rechtlose

Kreatur; konnte er größere Schande auf sich laden, als er ohnehin trug? Daran änderte auch der tölpelhafte, barfüßige und barhäuptige, in weiße Gewänder gekleidete Bursche nichts, der stumm, von innen leuchtend, auf dem Weg voranschritt, einmal rechts, einmal links, ob das nun eine Felsschlucht, ein tiefer, verschneiter Tannenwald war oder ein steiniges Tal, voll Schotter und Geröll. Nicht ein einziges Mal kehrte der Bursche sich um; er schwieg, als hielte ein Befehl seinen Mund versiegelt. Dafür floß dieses merkwürdige Gleißen um sein Haupt und seine ganze Gestalt – gewiss, er troff von Hochmut, der schweigsame Geleitsmann. Als wären die Esel nicht von jeher zuverlässige Wegführer gewesen, wie Bileams Geschichte beweist, in welcher doch auch ein Esel, ein störrischer zwar, doch ein mit prophetischem Geist begabter Esel vorkommt.
Asinello beschloß, bei der nächsten Wegkreuzung dem dünkelhaften Begleiter, den Josef offenbar für einen Engel hielt, nicht zu gehorchen. Einmal musste es sowieso deutlich werden, wie nutzlos diese Flucht aus Betlehem war und dass ein alter Esel besser daran tat, seinen eigenen Kopf zu behaupten.
Die Kreuzung kam, der Engel ging rechts, Asinello links. Josef folgte unvermerkt dem Esel; er schlief vielleicht im Gehen. Oder träumte er offenen Auges von den ägyptischen Palmen, die, hart und fügsam zugleich, ein wundervolles Bauholz abgeben, wie man hörte? Auch Maria hielt den Kopf gesenkt; Asinello gewahrte dies, als er den Hals ein wenig zur Seite bog. Sicherlich hätte sie sonst darauf bestanden, dass man dem Engel nach rechts und nicht dem Esel nach links folge, denn Maria

war, obwohl nicht selten zu Scherzen aufgelegt, doch streng in allem, was den barfüßigen, weißgewandeten Burschen betraf.
Umso mehr, wenn auch lautlos, triumphierte Asinello, dass der Streich ihm geglückt war. Endlich würde er seinen eigenen, seinen Eselsweg, gehen, der ihn zum Stall und ins Stroh zurückführte, wo es dumpf und trostlos, aber doch wenigstens warm war, wie gewöhnlich.
Da spürte Asinello plötzlich einen gelinden Schmerz im rechten Ohr. Als er sich umwandte, sah er, dass der winzige Knabe aus dem Schultertuch der Mutter sich vorgereckt hatte und mit Daumen und Zeigefinger seiner kleinen Hand ihn, den Esel, ins Ohr zwickte, ins rechte Ohr. Asinello erschrak wie niemals in seinem Leben, furchtsam und freudig zugleich. »I-a, Herr«, sagte er leise, wendete nach rechts, und während ein unaussprechliches Entzücken seine Brust erfüllte, folgte er dem Engel gehorsam.

Von der Taube, die aus Ägyptenland kam

Als die Tauben in Ägyptenland hörten, der Herr und Retter der Welt wolle zu ihnen kommen, schickten sie Gurra, die schnellste und klügste ihres Geschlechts, mit einem Palmenzweig aus, ihn zu grüßen. Gurra war ihres Eifers und ihrer Erfolge wegen bekannt; niemals hätte sie die geringste ihrer Pflichten versäumt; ihr Lebenswandel war untadelig, und so zweifelte niemand daran, dass Gurra diesen Auftrag, den ehrenvollsten, der je einer Taube zuteil geworden, erfüllen werde.
Sie selbst zauderte keinen Augenblick. Sie putzte das Gefieder, sie stolzierte vor dem Taubenschlag hin und her, damit die Schar der Zurückbleibenden den glänzenden Palmenzweig in ihrem Schnabel bewundern konnte. Dann trippelte sie zum äußersten Rand des Flugbretts, hob den Kopf und schnellte mit klatschenden Flügelschlägen in die Lüfte empor.
Während Gurra wie ein Pfeil über Dörfer und Städte dahinflog, kamen ihr stolze Gedanken. Nicht umsonst, dachte sie, hatte man den Palmenzweig gewählt, den Gast zu ehren. Ein königliches Gewächs! Selbst dem finster blickenden Pharao, der das Bild eines Stieres auf dem Brustschild trug, zog man mit schwirrenden Palmwedeln entgegen. Man streute die Blätter auf den Weg, man jubelte und schrie – aber was bedeutete dieser Pharao

schon, so allmächtig er sich dünkte, gegen den Herrn der Welt! Gurra bebte, sooft sie die Größe ihres Auftrags bedachte; doch sie kannte die Kraft ihrer Fittiche und wusste, dass sie noch niemals ermattet oder in die Irre geflogen war. Gegen Abend verloren die Berge ihre glühenden Spitzen, sie schrumpften ein und lagen schattenhaft flach auf der Erde. Die Baumgruppen, die man Oasen nennt, waren nur noch undeutlich zu erkennen. Selten flimmerte ein Licht. Gurra, die bei Dunkelheit stets in den Schlag zurückzukehren pflegte, wurde von ängstlichem Schauder ergriffen, wenn sie bedachte, wie lange es dauern würde, bis das neue Licht, das rosige, ihr die Brustfedern färbte. Auch wurde es kalt; selbst den Palmenzweig schien es zu frieren, er klirrte im Wind.
Die Taube blickte nach den Sternen, die wie tausend und abertausend Augen aus dem schwarzen Grund des Himmels herabstarrten. Gurra flog und flog. Die Nadeln des Nachtfrostes stachen in ihr Gefieder. Es wurde kälter, je weiter sie nach Osten kam; endlich dämmerte es doch. Ein heller Saum, zuerst grau, dann grün, dann rosa, trennte den Morgen von der Nacht. Der Saum wuchs und flammte blutrot; dann schoss ein Strahl metallgelb über den Himmel.
Gurra frohlockte. Doch gegen Mittag erhob sich der Sturm. Die Sonne erkaltete und starb. Wolkenschiffe fuhren über die Tiefe. In der fahlen, zwielichtigen Höhlung der Luft schrien die Geister.
Die Taube hatte ein so furchtbares Wetter noch niemals erlebt. Sie wurde von den Windfäusten geschüttelt wie ein welkes Blatt. Immer toller trieb es der Sturm, doch ewig währte er auch nicht. Die Winde beruhigten sich.

Die Erde kam wieder in Sicht. Da merkte Gurra, dass sie den Palmenzweig verloren hatte.
Gurra erschrak so heftig, dass sie die Flügel auszubreiten vergaß. Sie fiel wie ein Stein und wäre auf dem Felsen zerschmettert, hätte sie nicht ganz zuletzt den Sturz mit den Fittichen abgefangen. Matt, mit zerzausten Federn, blickte die Taube um sich. Was sollte sie ohne Palmenzweig anfangen?
Recht geschieht mir, seufzte Gurra. Wohl bin ich geflogen, so rasch ich konnte, und niemand würde mich darin übertreffen. Doch nicht bloß meine Flügel, auch Stolz und Eitelkeit haben mich an diesen Ort gebracht, der mein Grab sein wird. Denn wer einen Palmenzweig trägt und verliert, was bleibt ihm?
In diesem Augenblick hörte Gurra eine Stimme: »Nimm mich! Nimm doch mich!«
Gurra blickte auf und sah nicht weit von ihrem Fuß einen dürren Strauch, der über und über mit Dornen bedeckt war.
»Wie?« sagte Gurra. »Soll ich einen Dorn an Stelle des Palmenzweigs nehmen? Das wäre erbärmlich!«
»Nimm mich!« rief der Dornstrauch.
Wahrhaftig, der Strauch war das Einzige, das an diesem Ort wuchs. Es muss sein, dachte Gurra, auch wenn ich mich sehr dabei schäme. Sie beugte sich über den Strauch und zog mit dem Schnabel eine Ranke ab. Dabei ritzte ein Dorn ihr die Brust. Drei funkelnd rote Blutstropfen quollen hervor und fielen auf die vergilbten Blätter.
»Hab Dank«, sagte der Dornstrauch, »dass du mich mit purpurnen Blüten schmückst. Ich will dir dafür den Weg zeigen.«

»Weißt du denn, wen ich suche?« fragte die Taube. »Fliege zurück, Gurra«, antwortete der Dornstrauch. »Dreitausendmal musst du die Flügel schlagen, dann siehst du zur Rechten einen Brunnen. Dort findest du den Herrn der Welt.«
Gurra nahm die Dornranke in den Schnabel und hob sich in die Luft. Dreitausendmal zählte sie den Flügelschlag, dann entdeckte sie den Brunnen. Sie fuhr nieder, sie blickte um sich, vorsichtig, wie Tauben sind, mit schrägem Kopf.
»Komm näher«, sagte der alte, fast kahle Esel, der dort angepflockt stand.
»Jawohl, das solltest du tun«, fügte ein graubärtiger, mürrisch blickender Mann hinzu. »Wir haben dich seit gestern erwartet.« Er zeigte mit dem Kinn gegen ein halb hohes, verfallenes Gemäuer. Dort saß eine junge Frau. Gesund und blühend sah sie aus. Ihre Backen, die ehemals rosig gewesen sein mochten, hatte die Sonne braun gebrannt.
»Das ist Maria«, sagte der Esel. Die junge Mutter nestelte das Kleid über der Brust zu. Sie hatte ihrem Kind zu trinken gegeben. Ein paar Tropfen warmer Milch glänzten ihm schneeweiß auf der Lippe und im Mundwinkel. Und in der Hand – Gurra erbebte, als sie es sah –, in der kleinen, dicken Hand hielt das Kind den Palmenzweig, den verlorenen Palmenzweig!
Gurra betrachtete stumm das Kind. Sollte sie es als Herrn der Welt begrüßen? Ein kleines, hilfloses, milchbärtiges Kind?
»Wir danken dir«, sagte die junge Mutter, »weil du uns den Palmenzweig aus Ägypten gebracht hast.«

RK02

Der Mann murmelte ebenfalls ein Dankwort. Sie hätten den Zweig unweit des Brunnens gefunden, sagte er.
Nun gut, dachte Gurra, so will ich den Dorn wegwerfen. Sie öffnete den Schnabel, die Ranke fiel in den Sand.
»Nicht wegwerfen«, murrte der Esel.
»Warum nicht?« fragte Gurra sehr erstaunt. »Warum soll ich den unnützen Dorn nicht wegwerfen?«
»Nichts ist unnütz«, knurrte der Esel. Er hatte noch mehr sagen wollen, doch er ließ das Maul offen und blickte verdutzt auf das Kind. Auch Josef wendete den Kopf.
Der Knabe, was tat er? Die Hand streckte er aus, die linke Hand, die noch leer war.
»Gib«, sagte die junge Mutter.
»Nein«, antwortete Gurra. »Man hat mich mit einem Palmenzweig ausgeschickt, nicht mit einer Dornranke. Wie gut, dass ihr den Zweig gefunden habt.«
»Ich«, prahlte der Esel, »ich habe ihn gefunden. Unsereins hat nämlich die Augen näher an der Erde.«
Das war auf die Taube Gurra gemünzt, besonders auf ihren stolzen Flug durch die Wolken, der vergeblich gewesen wäre, gäbe es keine anderen Geschöpfe, die im Staub trotten und den Kopf hängen lassen. Womöglich sah diese eitle Gurra auch jetzt nicht, was sie vor sich hatte.
»Ich will heimfliegen nach Ägyptenland«, sagte Gurra rasch, ohne das Kind anzublicken, »wir Tauben erwarten euch.«
Der Argwohn klopfte wieder in ihrer Brust. Sie wusste nicht mal, was sie den Geschwistern jenseits des Roten Meeres ausrichten sollte.

»Bleib noch«, polterte der Esel, »und lass dir etwas sagen. Merkst du nicht, dass du den Palmenzweig verlieren musstest, um die Dornranke zu finden?«
Gurra schwieg gekränkt. Sollte sie sich von einem Esel belehren lassen? Wie ungereimt war alles, was er vorbrachte! Sie wendete den Kopf zur Seite, wo die Dornranke lag.
»Gib sie ihm«, sagte die junge Mutter. Gurra gehorchte. Der Knabe ergriff mit der Linken die Ranke und hielt sie fest, ganz fest.
Gurras Herz zitterte. Was war dies für ein Kind, das den tödlichen Dorn in die Hand nahm, ohne sich zu verwunden? Und warum genügte der schöne, der königliche Palmwedel ihm nicht?
»Der Herr will beides haben«, sagte der Esel, »begreifst du das nicht?«
Das Kind jauchzte der Mutter im Schoß. Es spielte mit Palmwedel und Dornranke und es sah wahrhaftig so aus, als wären sie ihm beide gleich lieb.
Da wusste Gurra mit einem Mal, welche Botschaft sie nach Ägyptenland zu bringen hatte. Sie hob sich von der Erde und schnellte davon wie ein Pfeil.

Inhalt

Die Deutsche Bibliothek – CIP-Einheitsaufnahme

Ein Titeldatensatz für diese Publikation
ist bei Der Deutschen Bibliothek erhältlich.

Lektorat: Cordula Janusch
Umschlaggestaltung: Akut Werbung, Dortmund
Satz: Schröder Media, Dernbach
Druck und Bindung: Leo Paper Products, Hongkong
Printed in China

ISBN 3-7840-3264-8